昭和天皇
最後の侍従日記

小林忍+共同通信取材班

文春新書

1211

目次

宮内庁侍従室の自席に着く小林忍氏
（平成5年3月31日撮影、遺族提供）

まえがき

30年余りに及ぶ「平成」が幕を閉じ、新たな時代を迎えようとしている。昭和がさらに遠くなろうとしている折、昭和天皇を身近で支え、平成への代替わりも見届けた一侍従、小林忍氏の日記が見つかった。昭和天皇が晩年まで戦争の影を引きずり苦悩する姿や、その「終焉」、植物を愛する研究者としての素顔が克明につづられている。宮中内から見た平成への代替わり儀式も詳細に記され、私たちが追体験できる。冷静で淡々とした筆致で、昭和天皇の心奥に触れ、宮中の息遣いを生き生きと伝える貴重な「昭和後半史」だ。

日記は、小林氏が人事院から宮内庁に異動になり、昭和天皇や香淳皇后の側近として仕えた昭和49（1974）年から平成12（2000）年までの27冊だ。A5サイズの一年日誌に、毎日宮中で見聞きした出来事をつづっていた。ほぼ週に1回のペースで、昭和天皇の住まいの皇居・吹上御所で当直をこなし、昭和天皇と2人だけで会話することも多かった。生真面目にこつこつと宮中の作法を体得し、昭和天皇の信頼を得て、その心情に触れるようになっていく様子がうかがえる。日記の内容は、宮内庁がまとめた『昭和天皇実録』にも収められていない。

共同通信社会部の取材班が日記を最初に手にしたのは平成29年の8月だった。取材班が札幌に飛び小林氏の遺族と初めて会った。ホテルの一室で遺族から提供を受けた数冊をめくると、米粒大の小さな文字の中にやや大きな字で記された「戦争責任」の4文字が飛び込んできた。久しぶりに胸が高鳴った夏の日が忘れられない。昭和62年4月7日の記述だ。「仕事を楽にして細く長く生きても仕方がない。辛いことをみたりきいたりすることが多くなるばかり」「戦争責任のことをいわれる」と昭和天皇の言葉が記されていた。気落ちする昭和天皇に小林氏が「もう過去の歴史の一こまにすぎない、お気になさることはない」と励ます場面も盛り込まれている。

歴史作家の半藤一利氏とノンフィクション作家の保阪正康氏の協力を得て、1年以上かけて日記を読み込んだ。「クールで、リアリスティックな目でみた内容に価値がある」との2人の評価も交え、共同通信は平成30年8月23日付朝刊用に「戦争責任言われ『つらい』　昭和天皇85歳、心情吐露」との見出しを付けて特報した。日記の詳報や半藤氏と保阪氏の談話も合わせて配信した。共同通信の加盟41紙が1面トップ記事として掲載、全国紙やNHKも共同通信の報道を受けてそれぞれ報じた。敗戦から既に70年以上がたっているが、予想以上の反響の大きさだった。アジアの国々に攻め入った大日本帝国を率い、太平洋戦争の開戦と終戦に臨んだ「大元帥」は、戦後「象徴」に生まれ変わったが、最期まで脳裏に刻まれた記憶と懊悩が、確認できたからだったのだろう。

この日の記載だけでなく、戦争や戦前の軍部の横暴に絡む記述は多数ある。昭和11年の陸軍青年将校らによるクーデター未遂「二・二六事件」もその一つだ。昭和天皇が、斎藤実内大臣や高橋是清蔵相ら「股肱の臣」を失い、深く傷ついただけでなく治安への不安が戦後も頭から離れなかったことが分かる。昭和天皇実録によると、昭和天皇は当時「自らが最も信頼する老臣を殺傷することは真綿にて我が首を絞めるに等しい行為である」と激しい言葉で反乱軍を非難した。小林氏の先輩侍従だった卜部亮吾氏の日記に、昭和天皇が「治安は何もないかとのお尋ね」(昭和52年2月26日)と記されている。小林日記には「2・26事件の当日に当るので宮殿にお出ましなし」(昭和51年2月26日)との記載がある。昭和60年や昭和62年、昭和63年でも事件に触れている。8月6日や8月9日の原爆の日、敗戦を迎えた8月15日の終戦の日だけでなく、二・二六事件が昭和天皇にとって「慎みの日」として胸に刻まれていたことが改めて確認できる。

太平洋戦争で激しい地上戦を経験し、訪問を強く望みながら果たせなかった沖縄に寄せる思いは終生、尽きなかったようだ。サンフランシスコ講和条約が発効し日本が国際社会に再び一歩を踏み出した昭和27年4月28日は、日本から切り離され米国統治が続けられた沖縄にとって屈辱の日でもある。沖縄デーとして毎年、本土復帰を求める集会や政府への抗議活動が繰り広げられる日となった。沖縄は昭和47年に返還されたが、その後も集会や抗議活動は続いた。昭和50年のこの日の日記によると、昭和天皇が小林氏に、デモによる混乱の有無を尋ね、何もなかったことを確認し「よかった」と安堵している。晩年の昭和62年には国体開催に合わせて沖縄訪問が本格的に検討されたが、直前に体調が悪化し断念、皇太子時代の天皇陛下が名代として皇后さまと共に赴いた。昭和63年5月12日の日記には、宮内庁内で再び沖縄訪問が模索されていた記述がある。だがその計画はその後、日の目を見ることなく、昭和天皇は再び病に伏せってしまう。

昭和の終焉に至る状況や代替わり関連の儀式については詳しく書かれている。昭和63年9月19日に大量吐血し重体になった後、日に日に緊迫する容体（11月14日、12月1日、12月20日など）や国事行為を巡る摂政や臨時代行制度の内部の検討の一端（昭和63年9月22日、12月1日）が記されている。昭和が幕を閉じた昭和64年1月7日には「肌着は右手は袖を通したが左手は腕関節が既に固くなって曲らないので袖に通すことができず」とある。以降連日のように重い喪中の行事が続く。天皇陛下が退位の意向をにじませた平成28（2016）年8月のビデオメッセージでも触れた「天皇の終焉」の一端が、こうした場面だ。終身在位制の「残酷」ともいえる局面を間近で見た天皇陛下が退位を考える端緒になったことがうかがえる。

短い記述だが、興味をそそられる「謎」も残った。昭和51年1月1日には「お上はお机に向い、日記らしきものをおつけになっておられた」と書かれている。昭和天皇が日記を付けているようにもうかがわれるが、他の日に記述はない。卜部氏の日記には昭和天皇から側近が聞き取った「拝聴録」の存在（昭和63年5月23日、平成13年2月7日）が明示されているが、所在は現在不明だ。昭和天皇による「日記」や拝聴録の存在については、解明すべき宿題として残った。昭和53年4月15日には、当時の西ドイツ大使だった吉野文六氏が進講した、とある。内容は「西ドイツの政治・経済事情」と短く記載されている。吉野氏はナチス・ヒトラー支配下のドイツ大使館に勤務。トップは、日独伊三国同盟の実現に奔走した大島浩大使だった。吉野氏は戦後、沖縄返還交渉に携わった。米側が支払う米軍基地跡地の原状回復費を日本側が肩代わりするとの密約を外務省時代は否定していたが、退任後に一転して認めた。三国同盟に疑問を持ち、沖縄にも関心を寄せていた昭和天皇がこの時、どんなやりとりをしたのか、明らかになっていない。

小林氏は大正12（1923）年4月28日、静岡県吉原市（現富士市）で生まれた。旧制姫路高校時代に陸軍に召集され、航空基地間の地上通信などを担当した。南方戦線に配属され任地に向かう途中で犠牲になった同期生もいた。敗戦の玉音放送は陸軍省や大本営陸軍部などがあった東京・市谷の部隊兵舎の屋上で聞いた。京都大学法学部政治学科で学び、同大大学院を経て人事院に入った。人事院時代には内閣に設けられた憲法調査会の事務局のメンバーになったこともある。昭和49年4月に宮内庁に異動になり、昭和天皇の侍従になった。小林氏の長男によると、背景には「天皇の戦争責任論の話が出た時に法的な観点で対応するため、法学部卒の侍従がほしい」との宮内庁側の要望があったという。昭和64年1月の昭和天皇の死後も現天皇陛下や香淳皇后の側近として仕え、平成への代替わりの一連の儀式や行事もこなした。平成12年6月に香淳皇后が亡くなったため、翌平成13年6月に、平成5年4月から務めていた皇太后宮職御用掛を辞し、宮中生活に終止符を打った。平成18年7月3日に83歳で病死した。

日記に関しては内容を改めて精査し、小林家のプライベートな部分や宮中儀式の一部などは削除した。その点を読者にはご理解いただければと考えている。なお、日記本文以外の解説や注釈、対談などにおける天皇や皇族の呼称、敬称は平成31年4月時点で表記した。

（共同通信社会部「小林忍日記」取材班・三井潔）

凡　例

一、本書は、故小林忍氏が遺した日記（昭和49年〜平成12年）から抄録した。

一、日記本文は、文意を損ねない範囲で適宜略した。

一、句読点の不明瞭な箇所は、文意に沿って整理した。

一、読みやすさを考慮して、適宜改行した。

一、数字や時刻などの表記の不統一を整理した。

一、明らかな筆者の勘違いや誤記と判断される箇所は修正した。

一、判読不能な文字は、●●で表記した。

一、日記中の記述を明確にするための補足を本文中に〔　〕で補った。

一、宮中で使われる用語や主な人名、事項などの説明を（注）で補った。

一、日記中には現代の社会常識からみて不適切な表現が含まれるが、過去の記録としての側面を重視してそのまま掲載した。

第1章　昭和49年〜51年　昭和天皇の涙

昭和50年10月の訪米でお言葉を述べる昭和天皇とフォード米大統領

小林氏が人事院から宮内庁に異動になったのは昭和49（1974）年4月だった。51歳を迎える直前で、家族は「人生の転機だった」と振り返っている。メモ魔だった小林氏は宮中で日記を付け始める。昭和時代はほぼ毎日、愛用の細いペン先の万年筆でつづっていた。

小林氏が宮中生活を始めたこの年は、前年からの石油ショックの余波で高度経済成長に陰りが出たり、非核三原則を打ち出した佐藤栄作元首相がノーベル平和賞を受賞したりした、戦後日本の転換点でもあった。昭和50年は、昭和天皇が、香淳皇后と共に米国の地を天皇として初めて踏み、皇室にとって歴史的な年となった。沖縄で海洋博が開幕したのに合わせ、皇太子夫妻時代の天皇、皇后両陛下による沖縄への初訪問も実現した。昭和天皇在位50年を迎えた昭和51年は、ロッキード事件が発覚し田中角栄前首相が逮捕されるという、戦後の事件史に刻まれる年となった。

小林氏の宮中初日の4月1日は、昭和天皇、皇后らへの拝謁（挨拶）からスタートした。日記は、宮中への第一歩を刻んだ本人の緊張感を伝えている。昭和天皇から最初に語り掛けられた言葉は「このたびは御苦労に思います。よろしく努めるように」だった。4月15日に、昭和天皇の住まい、皇居・吹上御所で最初の当直勤務をこなす。この日の記述には、香淳皇后から御所内で、屋外の風の吹き具合を聞かれ「ドギマギしてしまった」と戸惑う場面もあった。それでも「最初の側近奉仕で緊張したが、ぎごちない言葉使い、動作が多少あったものの、まずまず無事終了」とまとめている。

日々宮中での生活に慣れ始め、昭和天皇の気遣いや、天皇一家のほほえましい場面に接する機会も出てきた。天皇、香淳皇后と共に吹上御苑内を散策した昭和49年5月5日の日記にはこう記されている。初夏の日差しが強かったのだろうか、天皇が「小林、暑ければ上衣をとっていいよ」と声を掛けた。東宮（現在の天皇陛下）一家が吹上御所を訪ねてきた際には「礼宮やんちゃで広間のドラを一発ならす。紀宮可愛い」（9月25日）とある。礼宮は当時8歳の秋篠宮さまで、紀宮は5歳だった黒田清子さんだ。10月5日には、皇太子妃だった皇后さまの体調が芳しくなく、吹上御所への御参（訪問）がとどこおっていたため、昭和天皇が「妃殿下は大丈夫か」と皇后さまの体調を心配する様子が記されている。

昭和天皇が香淳皇后と共に外国元首らとクリスマスカードをやりとりしていることが、昭和49年12月23日や昭和51年12月22日に書かれている。天皇の交友が、国内だけでなく、クリスマス時期のカードを通じて海外にまで広がっていることが分かる。何カ国の元首らと、どんなやりとりをしていたのか、興味をかきたてられる一場面だ。

昭和天皇と皇后は昭和50年9月30日から10月14日まで、米国を回る旅に出た。天皇訪米は、歴代内閣にとっても大きな懸案だった。日本を飛び越えた米国の中国への接近や、金ドル交換の停止に踏み切った米ニクソン政権と日本の関係が冷え込んだ時期、両国関係の打開策として田中政権時代の昭和47年に計画が持ち上がった。背後には、昭和天皇の欧州訪問を「答礼」という形で実現した佐藤元首相の影もちらついていた。宮内庁の宇佐美毅長官が「天皇の政治利用だ」と猛反対して、計画は頓挫する。入江相政侍従長も昭和47年12月25日の日記に「長官来室。佐藤前首相訪米の節御訪米を話してくるとの事。（中略）予は断然反対する。皇室の為にどうしてもおやめ願はなくてはといつておく」と書き残した。

日米ともに政権交代があり、米国はフォード大統領に、日本は三木武夫首相になって大きな外交懸案がなくなった。政府は昭和50年2月、フォード大統領からの招待により、昭和天皇の訪米を正式に閣議決定する。前年のフォード大統領の来日の答礼という形を取り、実現する運びとなった。

昭和天皇はかつての敵国の地に一歩を刻んだ。ワシントンでの晩餐会で「私が深く悲しみとするあの不幸な戦争」と述べ、戦争への遺憾の気持ちを表明した。大規模な抗議活動はなく、好意的な反応もあった。しかし帰国した後の10月、記者会見で戦争責任について問われ「言葉のアヤについては、私はそういう文学方面はあまり研究もしていないのでよくわかりません」と答え、責任逃れだと批判を浴びた。

小林氏の11月22日の日記には、訪米の成果に自信を失った天皇を入江氏が励ますシーンが出てくる。入江氏が米国での「お上の素朴な御行動が反ってアメリカの世論を驚異的にもりあげたことなど具体的につぶさに申しあげ」たところ、天皇が「涙をお流しになっておききになっていた」とつづられている。ここでも、戦争責任を巡る天皇の苦悩や側近との心の交流が見て取れる。

11月19日の入江日記には、この間の一連の経緯について訪米発表時には米国の新聞は全然取り上げなかったのに「あゝまで変つた」と米国世論の変化を描写し「一重にお上のお徳によるものと申上げ自信をおつけする。お涙を出してお喜びだつた」とある。戦争の影を引きずるかつての「帝王」の涙の重みを、小林氏と入江氏の日記から、改めてかみしめることができる。

（「小林忍日記」取材班・三井潔）

昭和49年

4月1日（月曜日）

宮内庁、侍従拝命。宮内庁長官から辞令交付9：30。両陛下拝謁10：00〜10：20。10：00から陛下に拝謁。松平前侍従（注）の次。次のようなお言葉あり。「このたびは御苦労に思います。よろしく努めるように」。引き続いて皇后さまに同じ順で拝謁、次のようなお言葉あり。「御苦労に思います。健康に注意して努めてください」

（松平前侍従＝松平潔前侍従、昭和34年に侍従就任）

4月15日（月曜日）

本日最初の当直。午後3：00と3：15に皇后さまの新任大使の御引見あるも、お上御生研（注）のお供。午後1：58〜4：42。お帰りは御理髪のためお車（お成りはお徒歩）。

御生研にお出ましの御玄関で、皇后さまから風の吹き工合、特にお帰りの時刻ごろの予想を聞かれ、少し吹くかも知れませんでございますとドギマギしてしまった。

御生研からお帰りをまって、松平前侍従がヨーロッパ旅行のお写真アルバムをもって参内。御生研からのお車の中で、東宮五殿下の17日の定例御参内の御都合を伺い（「良宮がよければよい」と）。松平前侍従参内を予めお伝えする。

御夕食後7時半近く明日の永年勤続功労者（皇警）拝謁の際のお言葉をもって御居間に参上。皇后さまは御留守のため、8時少し前太鼓の音らしきもの●●●（不明の音）とのお電話の返事を申しあげる際、お渡しする。

最初の側近奉仕で緊張したが、ぎごちない言葉使い、動作が多少あったものの、まずまず無事終了。

（御生研＝生物学御研究所のこと。昭和天皇の生物学の研究のため皇居内に作られた研究所。現在は生物学研究所と改称）

4月21日（日曜日）

旬祭（注）のため御代拝（注）。お上から「原色日本野外植物図鑑」の「たちかもめづる」説明中の分布図参照の頁に、分布図がのっていないのは、ミスプリントかどうか献上者の佐藤人事院総裁（注）にそれとなくきくようにとのおおせ。その本をお借りしてよく調べたが分らず。月曜日に再調査することとして10：30ごろ退庁。

（旬祭＝毎月1日・11日・21日に、宮中の賢所・神殿・皇霊殿で行われる祭典）

（代拝＝天皇の代わりに侍従らが拝礼すること）

（佐藤人事院総裁＝佐藤達夫人事院総裁。小林氏の先輩侍従の卜部亮吾侍従を人事院から宮内庁に異動させるのに尽力した）

4月23日（火曜日）

天皇誕生日を前に恒例の侍従の記者会見。山本侍従（注）がお上の近況。この一年の業務等。田中侍従がお上の新発見植物（最近のものとしては、昨年7月採集、今年1月雑誌に発表された「いずあさつき」（下田御用邸内））について話す。質疑応答など。


花蔭亭（注）懇親会。陽春ともなりお上の御健康を祝して侍従、女官、侍医全員及び松平氏（20名）。両陛下から御招待という形で大膳で準備。亭入口に整列して両陛下お迎え。直ちに立食。両陛下はお椅子で。御談らんの中でよく召しあがり、特に皇后さまは大変おくつろぎの御様子。最後に一同並んで、侍従長から御礼言上。今後もこのような催しをお願いしたい旨言上。

（山本侍従＝山本岩雄侍従、昭和38年に侍従就任）

（花蔭亭＝昭和天皇が愛用した皇居内にある茶屋）

4月25日（木曜日）

午後御生研から帰った後、献上物御覧いただく。南加日本商工会議所（注）主催金婚式祝賀写真帳。9時半すぎお上から電話あり。明朝の御会釈は9：40だが、9：50終了するとして、10：00から新任大使の拝謁があるから、モーニングに着替えに15分要するとみて、間に合わぬ。10時半にできないか、とのことで急ぎ事務に電話して、明朝然るべき時間に変更方依頼。

お上にいわれるまでに気がつかぬのでは困る。大使の拝謁があとから入ったためであるが、御会釈に9：35吹上出発、9：45同着（吹上正門前の場所を9：40とする）として、すぐお車で（予め準備しておく）宮殿においでになれば間に合わないでもないが、好ましいことではない。

（南加日本商工会議所＝南加日系商工会議所のこと。日系人社会の福祉向上や日系企業活動への支援を目的に戦後、米カリフォルニア州ロサンゼルスを中心に南加日系人商業会議所として発足した。当初は戦時中抑留された日系人の権利向上や生活支援も担った）

5月1日（水曜日）

御旬祭親拝（注）のため8：10御所御発。車でお供。8時6分ごろお時間ですと申しあげたところ「こんなに早くか」といわれ「4分前でございます」と申しあげたところ「2分前でよい、おくれてもよいから」といわれた。

（親拝＝天皇が自ら礼拝すること）

5月5日（日曜日）

午前御散策。お上が最初「小林、暑ければ上衣をとっていいよ」とおっしゃられた。お上は黄土色のスポーツシャツにフラノズボン。皇后さま紺ジャジーのツーピース。鯉にえさ。

5月13日（月曜日）

お田植1：30〜2：40。安楽氏（注）御先導でお上は御生研玄関左側の木戸からポーチ正面階段を下りて温室へおいでになり、上衣、チョッキ、ネクタイを外され、サスペンダーをバンドにとりかえ、Yシャツ一番上のボタンをお外しになり、ついでYシャツのそでまくり、長靴をおはきになった。

（安楽氏＝安楽定信侍従、昭和43年に侍従就任）

5月17日（金曜日）

読売新聞の「天皇の現代史」（長尾和郎著）の広告にお上から、どういう人物か、内容はとの御下問。調べまして、ということで下がった。
迎賓館（注）に高松宮見学においで。東宮さま未だが●か。お上から高松宮はいかれたが東宮さまはどうか。高松さまは出しゃばりの気味があるからとのことで東宮さまは未だの旨が判明したがその言上は田中氏（注）に申送り。（この件はお上が行幸のときから東宮さまお断りなど少々複雑のいきさつがあるらしい）
（迎賓館＝この年3月に旧赤坂離宮を改装した現在の迎賓館が完成した）
（田中氏＝田中直侍従、昭和40年に侍従就任）

7月12日（金曜日）

外務大臣内奏。大使認証式2：00～3：05。内奏約30分。お上のお召替に少し手間どる。侍立後終了し、ドアをノックしたあと、先に正殿口に急ぐ行くべきところ、一瞬随従するのか迷い、式部官長（注）が御先導してドアに進んでくるのを見ており、気がついて急ぎ正殿口に行ったが、冷汗ものだった。「重責御苦労に思います。」のお上のおことばをかみしめて、ぼうとしていたためであろう。

総理内奏。環境庁長官認証式。三木長官（注）の突然の辞任で急に入ったもの。夜になるのではないかといわれたがよかった。毛利松平氏（注）の「松平」について、御署名のときお上は「松平」という姓が名前になっていて面白いねぇ。「ショーヘイ」と読むのかとおっしゃった。「マツヘイ」と履歴書に書いてある旨申しあげた。内奏約1時間。

（式部官長＝皇室の行事・儀式や国際親善などを担う宮内庁の一部局「式部職」のトップ。最近は外務官僚OBが務めることが多い。当時は湯川盛夫元駐英大使）

（三木長官＝三木武夫。田中角栄政権で副総理兼環境庁長官だった三木は、7月の参議院選で自民党が敗北したことを受け、党近代化に取り組むためとして閣僚を辞任した）

（毛利松平氏＝毛利松平環境庁長官。三木氏の後任として就任）

7月19日（金曜日）

常陸宮妃殿下御誕生日で宮殿に御参。侍従候所（注）入口で侍従長と話しているところおいでになり、侍従長が「本日は御誕辰でお喜び申しあげます。」と御挨拶のあと、大変涼しい日が続き妃殿下の御誕生日らしく思われません旨の冗談をいわれて妃殿下も大笑いされていた。

（侍従候所＝侍従らが控える部屋）

7月23日（火曜日）

南ベトナム大統領からの日本の平和実現のための努力をお願いする旨の親書に対する御答簡の内容をどうするか検討中とのことであるがどうなったかとの仰せ。未だ報告がない旨お答えした。三笠宮さまの友愛十字会（注）総裁御辞任につき何かあったのかなとのお一人ごとを仰せになっておられた。

（友愛十字会＝身体障害者の更生援護事業を担う社会福祉法人。昭和28年から三笠宮が、49年からは寛仁親王が総裁を務めていた。平成26年からは寛仁親王の次女瑶子さまが総裁）

8月14日（水曜日）

夜9時ころお上は明日の戦没者追悼式のおことばの御練習。テープで3回。

8月23日（金曜日）

木俣《きのまた》林道（注）に御調査。ミヤママコナ—紫色の小さな花が茎にそって群生し、（まばらに）花に米粒型の白い斑点があるので「ママ、米！」と呼ぶという（お上の御説明）ところから名づけられたのかもしれぬという。

（木俣林道＝那須御用邸敷地周辺にある林道）

8月30日（金曜日）

丸の内爆破事件（注）。0：45ごろ食堂で「鳩子の海」（注）をみていたところ「ドン」という爆発音らしき大きい音が窓にひびいた。はじめ大平〔三郎〕護衛一課長の報告では、ガスボンベをつんだ車に他の車が衝突したためとのことであったが、そんな程度の被害ではないということで訂正された。予想外の大惨事となった。死者5名、重軽傷者数十名という最初の発表も更に増大した。

（丸の内爆破事件＝東京・丸の内にあった三菱重工ビルの爆破事件。過激派の「東アジア反日武装戦線」が起こした。反帝国主義、反植民地主義が動機とされる。昭和50年にかけて海外進出を進める日本企業を標的にした連続企業爆破事件を引き起こす）

（「鳩子の海」＝昭和49年4月から1年間放送されたNHK連続テレビ小説）

9月6日（金曜日）

宮内記者御会釈。50年の思い出その他約30分の質問があり。

9月25日（水曜日）

夜、東宮四殿下御参（妃殿下御発熱で御不参）。礼宮やんちゃで広間のドラを一発ならす。紀宮可愛い。

9月27日（金曜日）

黒田氏（注）（非常勤式部官）主として東宮職で礼宮さんの御用掛を勤めている。来庁、食堂で紹介され、4時すぎ侍従長も来られ雑談。GHQの回顧など多弁。そのころのことをテープに入れておくとよいと（侍従長）。田中、安楽、卜部（注）、山本各氏も同席。

（黒田氏＝黒田実元式部副長。敗戦後の宮内府時代に通訳として連合国軍総司令部〈GHQ〉との折衝にも立ち会った。昭和41年に退官後も非常勤の式部官として各皇族の外国訪問や昭和天皇、香淳皇后の訪欧にも同行した）

（卜部＝卜部亮吾侍従、昭和44年に侍従就任）

10月1日（火曜日）

お上に「天皇制に対峙しうる今日的思想の酷使」（「読書人」10月7日号、倉橋健一〈詩人〉の金芝河に関する記事）の意味を「共和制の民主主義的思想を徹底させることのように思われる」旨御説明。卜部氏に意見を求めたところ、そのように解されるとのことだった（昨夜御下問）。お上は「韓国も共和制ではないか」とおっしゃったが、朴政権は独裁的だと考えられているためとお答え。要するに一人よがりの表現多く、理解し難い所多くよくわからない。

10月4日（金曜日）

認証官任命式。団藤重光最高裁裁判官（注）。

（団藤重光最高裁裁判官＝刑事法学の第一人者。大正2年岡山県出身。東京帝大〈現東大〉卒業後、同大教授に。新憲法制定に伴い刑事訴訟法の立案に参画。最高裁判事を務め、退官後は死刑廃止の立場を鮮明にした。昭和58年に皇太子時代の陛下の相談役を担う参与に就任。平成12年まで務めた。平成24年に死去）

10月5日（土曜日）

夕東宮職からの連絡ということで（事務から）、明日東宮妃、文宮（注）両殿下が、紀宮さまの運動会にお出ましの旨申しあげたところ、このところ二、三回御参がお風邪のためお休みであった妃殿下は大丈夫か侍医にきくようにとのことであった。冨家侍医（注）を通じてきいてもらい、冨家侍医からお熱は下がらないが、御気分が爽快であるからお出ましとのことを申しあげた。お上は「ぶり返さないか」とのことで「拝診しておりませんから何とも申しあげられない」旨お答えしたとのこと。

（文宮＝礼宮もしくは文仁の誤記か）

（冨家侍医＝冨家崇雄侍医）

10月11日（金曜日）

気象庁、読売新聞行幸啓。1：21〜3：52。お出ましを申しあげにお居間に伺ったところ皇后さまおられず、「良宮」とのお呼びがあり、女官奥へ急ぎおよびに行く。ために2分程遅くなった。女官（久保〔喜美子〕、市村〔菊重〕）に困るといったところ、両陛下直前まで御一緒にいらしたのだからと処置なしと。

午前、宮殿からお徒歩でお帰りの途中、大池近くで小さなカゲロウを小さくしたような淡緑の昆虫を皇后さまがみつけられたので、私が掌に乗せておみせしたところ、何とかとの横ばえ（注）とおっしゃったが、昼食後お上からお電話あり「アオバハゴロモ」というとわざわざ教えていただいて恐縮した。

（横ばえ＝昆虫のヨコバイ〈横這〉のことか。アオバハゴロモと同じカメムシ目に属する）

11月12日（火曜日）

2：30、前の北海道神宮焼失（注）につき単なる放火か思想的背景ありやにつき御下問。

総務課を通じきいたところ、所轄署の調査によればアイヌ系でもないようだし、単なる放火ならんと、申上げた。

（北海道神宮焼失＝札幌市にある北海道神宮が11月10日放火され、本殿などが焼失した事件。「アイヌモシリ」を名乗る者から犯行声明が地元新聞社に寄せられたが、犯人は捕まらなかった）

11月19日（火曜日）

フォード大統領歓迎御挨拶。宮中晩餐会。お上非常に張切っておられるようにお見受けした。

12月2日（月曜日）

宮殿お出ましのお車の中で「昨日は天気がよくてよかったね」とおっしゃった。又「雨はもっと降った方がよい」（このところずっと降らなかったから）と。

12月7日（土曜日）

御生研の帰り。内閣の任命式は9日の夜、遅くて10日午前中と申しあげたところ「9日がよい、こちらが疲れるからといった遠慮はいらんから」とおっしゃった。

12月23日（月曜日）

外国元首へのクリスマスカードの御署名につき中央にお上が、その右に皇后さまがおかきになることはお上に伺ってわかったが、少し下げるのかどうか念のためきくようにとのことで事務（当直後藤内記係長）（注）にきいたが、式部にもあちこちきいてもよく分らず、結局卜部氏に電話して少し下げると、とんだ騒ぎだった。

（後藤内記係長＝後藤秀男監理係長のことで、肩書きを誤記したとみられる）

12月25日（水曜日）

大正天皇祭。最も簡単な御祭りである。剣も平伏時間ほんのわずか。

昭和50年

1月7日（火曜日）

歌会始御懐紙をお書きになる。少しお書きになったあと、侍従長の書いた手本の末尾が「あ佐可奈」となっているが、木俣選者（注）は「朝々《あさあさ》」（注）と直したはず、どちらが正しいか徳川（注）にきくようにとのことで、きいたところ、御指摘のとおり。侍従長が手本を直しに出るからということになり、「あ佐阿佐」とした。歌会始の御製御歌は末尾三字を万葉仮名にするきまりとのこと。

（木俣選者＝歌人で国文学者の木俣修。歌会始の選者を務めていた。北原白秋に師事）

（「朝々」＝この年の「歌会始の儀」の題は「祭り」で、昭和天皇は「我が庭の宮居に祭る神々に世の平らぎをいのる朝々」と詠んだ）

（徳川＝徳川義寛侍従次長。尾張徳川家一門の出身で、父義恕《よしくみ》氏も大正天皇の侍従を務め、実妹の北白川祥子さんは香淳皇后の女官長を務めた。常陸宮妃華子さまは、めいに当たる。昭和11年から侍従を務め、44年に侍従次長就任。入江相政氏の後任として60年に侍従長就任、63年に辞任した。終戦時に反乱軍から「玉音放送」の録音盤を守ったことで知られる。平成8年死

去）

1月15日（水曜日）

御寝室のテレビが4chがカラーが出ないとのこと。昨日の侍従がいわれ、みたが原因不明であったので、運んでよくみるようにとのこと。内舎人がみて結局室内アンテナがガタガタにゆるんでいたためで、締めて調節したら直った。4時ころ御寝室に運び小野（慰子）女官と元の所に戻した。女官がお上お起きの序でに皇后さまからベッドの端の方に動かすようにいわれるので、原田（リツ）女官など大変骨が折れる。侍従から余りお動かしにならぬよう申上げてほしいとのことだったので、お戻ししたあとアンテナが狂うからなるべくお動かしなさらぬようお願いしたい旨申しあげた。

2月18日（火曜日）

御覧ものに「故侯爵久邇邦久（注）の40年の御正辰にあたりますが」の文言があり、「正辰」とは何かとのお尋ねあり。「御命日の意でございます」旨お答えした。ところが辞書を引いてみると「正辰」とは誕生日の意であることが出ていたので、その旨申しあげたところ、それでは意味が通じない、間違いではないか、直すようにいっておくようにとのことであった。翌朝宮務課天野〔好男〕庶務係長〔起案者〕に電話したところ、従来からも使っており、祥月命日の意である。書陵部で作っている歴代天皇の御命日表を「御正辰表」という一冊の本に作ってあるということだった。その旨後刻申しあげた。

（久邇邦久＝元皇族。久邇宮邦彦王の次男として明治35年に生まれる。香淳皇后の兄。大正12年に皇籍を離れる。昭和10年に死去）

3月6日（木曜日）

皇后陛下御誕生日。

5時すぎお上から、皇后宮御誕辰のお祝いを①お上か②東宮さまか③常陸宮さまか、東宮さまのネパールからの御帰国お祝いを④お上からおっしゃる。これらの順序をどうするかについて侍従長か徳川次長かの意見をきくようにとのことで連絡をとったがいずれも途中寄道をなさって連絡とれず。止むなくその旨を申しあげ、自分の考えを申しあげた。お上は、①は夫が妻の誕生日のお祝いをいうのはおかしい。②は④によって帰国を祝ってもらう立場にあるからおかしい。③にでもしたらと大分こだわっておられた。しかし、後者については皇后さまの御祝いを申しあげることと自分の帰国を祝ってもらうこととは全く別個のことだからかまわないことを強く申しあげそのようになり、前者①はお上のお考えも成程と思われたのであえて考えは申しあげなかった。しかしそれほど夫が妻の誕生日の祝いの言葉をいうのはおかしいことでもあるまいと思った。結局お上のおっしゃるように東宮さまだけがお祝いを申しあげることになった。

4月28日（月曜日）

今日は沖縄デーでデモ行進あり。失念していたところ、御格子《みこうし》（注）直前（お二階）にお召しで混乱の有無をお尋ねあり。全く報道されなかったので何もなかった旨申しあげた。「それはよかった、それはよかった」と非常にお喜びだった。

（御格子＝天皇が就寝すること）

5月13日（火曜日）

「天皇の外交」伊達宗克著（ＮＨＫ記者）（現代企画室刊）につき毎日新聞に広告が出ており、それに戦争のつぐないとして戦後平和外交を推進しているかの如く広告しているが、そのような内容ならそれはおかしい。戦前も平和を念願しての外交だったのだからと仰せあり。内容を調べてほしいといわれた。

6月24日（火曜日）

お上から夕方OVATA?なる植物（南欧）とその変種の相違について英文の植物図鑑の説明の翻訳を求められ、（「英語がわかるか」との仰せで読むのなら少しは、ということで訳すこととなった）。10行程度の短文で専門語も少しあったが難しいものでなく、30分程でわかり申しあげた。「どうもありがとう」と仰せがあった。

7月12日（土曜日）

午後1時ころ坂下門に皇太子訪沖（注）反対を唱える一派の学生風の者4人が乗用車で突入し、門前の外側さくを突破。門の下で他の車が邪魔になって下車、内部にかけ込んだが全員たい捕された。夕刊で知る。いやがらせの域を出ないが、それにしても外側さくの弱さは以前から感じていたところで、警視庁機動隊の車もさく外側に駐車しているのみで内部では雑談しており、殆ど役に立たないことが証明された。

（皇太子訪沖＝現在の天皇、皇后両陛下が皇太子夫妻時代の昭和50年7月17〜19日、沖縄国際海洋博覧会への出席のため沖縄を初めて訪問。ひめゆりの塔で過激派から火炎瓶を投げ付けられる）

8月12日（火曜日）

黒田式部官（東宮）が徳川次長の手伝いにきて昼食時雑談。戦後のGHQとの交渉は黒田さん一人でやったと、苦労も多かったが、その功績は上司が自らのもののように考え、認められなかった。特に林敬三次長（注）の時（昭和26年＝独立の前年）に宮内庁予算の1／3減を翌年予算に計上するよう命令があり、これをマ元帥秘書バンカー大佐（日常親交あり）に話して減なしとした。これを林次長は田島長官（注）には自ら交渉したかの如く報告し、長官は退官後、これを知って驚いたという。その他GHQにうそをいってそれがばれて幹部が首切りをいわれ（黒田氏が警告したにもかかわらず、責任をもつといわれた）、それをバンカーに泣きついて止めてもらったことなど、仲々秘話が多く、面白い。

（林敬三次長＝昭和24年に宮内庁次長に就任。25年に警察予備隊総隊総監に就任しているため、昭和26年は誤記とみられる）

（田島長官＝田島道治元宮内庁長官。銀行家でクリスチャン。芦田均首相が宮中改革の一環として、昭和23年に第二代宮内府〈現宮内庁〉長官として送り込んだ。宮内庁に組織改編した24年から初代長官になり、28年まで務めた。吉田茂首相とも頻繁に連絡を取った。後任の宇佐美毅長官を指名したとされる。昭和43年に死去）

8月15日（金曜日）

侍従御代拝と憲法第20条との関係。先の国会で社会党議員（秦豊氏）（注）が問題としたことから、法制局の見解を求めていたところ、その結果が文書で寄せられた。神宮（注）御代拝は不可。その他は毎朝御代拝など概ね何とか説明がつくとのこと。特に徳川次長は法制局の姿勢に不満である様子。これについて宮内庁として具体策をねる。

（秦豊氏＝参院議員。ＮＨＫ記者やテレビ朝日ニュースキャスターを経て昭和49年に参院全国区で旧社会党から初当選。連続２回当選。この間社民連、民社党に所属。平成15年死去。愛媛県出身）

（神宮＝伊勢神宮のこととみられる）

8月16日（土曜日）

昨日侍従御代拝につき長官の許で具体策が検討された結果、次のとおり。9月1日から実施されることとなった。伊勢は掌典、御陵は侍従1名。毎朝御代拝は侍従がモーニングで自動車により、賢所正面から入り礼拝（参列者がお祭りのときにするように）。具体的には掌典職で検討。祭日のうち大祭は掌典長、小祭は掌典次長（新設する）。皇后宮の御代拝はなく、吹上で御遥拝。東宮両殿下の御代拝はしない。近く長官からお上、東宮さまにお話してお許しをうること。

8月20日（水曜日）

御服装について（牧野〔名助〕内舎人からきく）。

1、お背広

（1）三つ揃のチョッキ（モーニングのチョッキを含む）は六つボタンで最下段は掛けない。掛けないというより、チョッキの斜に切れわかれている所にボタンホールとボタンをつけてあるので、掛からない。戦前からおしゃれな人がしていたこと（現在も）で飾りとなっている。戦前からのこと。

（2）上衣の雨ぶたは戦前から昭和30年ごろまではつけてなかった。が、30年ごろ以降おつけしているものの、ポケット内に入れて使うように少し小さく作ってある。雨ぶたは元々物を入れたときの用心や、自動車などのドア把手が引っかからないためにつけてあるものだから、高貴な方の場合不要ともいえる。そのためこれまでつけてなかったものと思われる。
（3）ズボンのすその折り返しも、戦前から昭和30年ごろまでシングルであったものが、一般と同様にしようということでダブルにしたものである。
2、お靴
（1）お上の靴は少し大き目に作られている。紐を結んだまま脱着なさるのできついようにみえる。
（2）賢所用の靴はめったにお使いにならぬから皮が固くなりがちで余計なじまず、脱着がきついようになる。
（3）戦前から昭和34年ごろまで行幸啓でも茶（しかも明るい茶）であった（お背広の色如何にかかわらず）が、世間が落ついてきてお背広にあったものということで黒になった。元々茶がお好きであったので黒にかえるときも仲々御承知なさらず、侍従長から御説明して御納得してもらった。それでせめて皇居内でも茶をなさっていただこうということで、宮殿御往復は茶にしている。茶は一年2足くらい必要。

（4）かかとのとりかえなどせず、へったものは御運動服のときになさることにし、ひどくなれば焼却。

（5）那須などで御調査にお使いになるお靴は、土ふまずの上の所には金属が入っている。

9月11日（木曜日）

「奥村通訳（注）（マ元帥との御会見）が内容をもらしたのは白洲次郎（注）の圧力によるもので、奥村が悪いのでなく白洲が悪かったのだ。白洲駐米大使の案もアメリカのアグレマンが得られず駄目になった」という。（侍従長）

吹上お帰り後、お上は御書斎の本棚整理で夜まではしごにお乗りになったり、お元気なこと驚いた。

（奥村通訳＝奥村勝蔵。元外交官。日米開戦時に在ワシントン大使館に一等書記官として勤務。昭和天皇と連合国軍総司令部〈ＧＨＱ〉のマッカーサー最高司令官の会談で通訳を務めたことがある。内容を漏らしたとして懲戒免官となったが、吉田茂内閣で外務次官になり、日韓会談

の再開に尽力。スイス大使を務めた後に退官。昭和50年に死去)
(白洲次郎＝実業家。太平洋戦争後に吉田茂首相の側近としてGHQとの折衝に当たる。サンフランシスコ講和会議では全権委員顧問。東北電力会長などを務めた。昭和60年に死去)

9月29日(月曜日)
御訪米を明日に控え、伺いもの、御覧ものの文書多し。7時半〜8時のNHKの御訪問先の表情と最近の両陛下の御日常のテレビを御覧後、明日羽田でのおことば御練習。丁寧に4回もなさる。「来日」を「ライジツ」とおよみになるので「ライニチ」とお直しし、そこを特に念入りになさった。

10月14日(火曜日)
両陛下午後4時羽田着、御帰国。

10月15日(水曜日)
お上は平常どおり10時すぎ宮殿お出まし、驚いた。御無理ではないか。正倉院御開封昨日終了の旨、侍従長に報告した後、宮殿にゆき、お上に「おすこやかに御帰国、お喜び申しあげます。小林は昨日正倉院御開封に行って参りました。無事終了致しました」旨御あいさつ。お上から「御苦労であった」とおことばあり。

お上は少しおやつれの御様子。ハワイでお風邪で発熱なさったと伝えられたが、殆どよろしいという。大分、日におやけになり色黒くお見うけした。

11月5日（水曜日）

両陛下から御訪米につき御苦労だったというので賜り（お供しなかった侍従にも）。ボンボニューと鉛カフスボタン。安楽、卜部両氏にはボンボニューと両陛下御署名入り御写真。お上にはお礼申上げた。「う〜」とおっしゃった。

11月15日（土曜日）

お上のお仕事軽減につき食堂で皆で相談（石田〈注〉当直欠）。田中氏が案を作ること。

（石田＝石田淳侍従、昭和49年に侍従就任）

11月21日（金曜日）

靖国神社及び千鳥ケ淵戦没者墓苑行幸啓。10：26～11：28。市村女官、西川侍医（注）、雨儀につき石田氏先着。

安楽氏天皇、小生皇后宮の御参拝に供奉。墓苑は安楽氏のみ。雨のためお手傘で社務所玄関でお傘、拝殿前でお手傘頂戴。お帰りも拝殿下でお傘、社務所玄関で頂戴。ためにシルクハット・手袋は休所において出る。

（西川侍医＝西川一郎侍医）

11月22日（土曜日）

お上の近況について侍従長のお話（11月22日昼食事の時）。御訪米、御帰国後の記者会見等に対する世評を大変お気になさっており、加えて御体調がお風邪、下痢なども重なり御疲れが三重国体（注）後もなお十分でないこともあり、御自信を失っておられるので、末常特派員（ＮＨＫ）その他記者その他専門家筋の批評が、お上の素朴な御行動が反ってアメリカの世論を驚異的にもりあげたことなど具体的につぶさに申しあげ、自信をもって行動なさるべきことを縷々申しあげたところ、涙をお流しになっておききになっていたと。

それで大変御機嫌よく19日の御訪米随員等のお茶御出ましの時は非常にお元気であったと。（三重国体＝昭和天皇と香淳皇后は、10月に開催された三重国体の出席に合わせ、24日から28日まで現地を訪れ、伊勢神宮にも足を運んだ）

12月11日（木曜日）

諸行事簡素化につき全員検討（第2回）。主に文書につき。秘書課式部職では侍従職の要請でもない限り特に検討しないという。なお「御日誌」（注）の記載事項につき、今後（明年1月1日から）「おことば」はすべて記載しないこと。信任状捧呈式の際の随員の記載は不要（大使のみ記載）。御会釈の人員等は御覧に入れないで予定札に掲げることなど。（「御日誌」＝侍従が付ける業務日誌とみられる）

12月19日（金曜日）

お上のお洋服など処分品頂戴。モーニング1着、背広2着（夏冬）、肌着上下2着（春冬）、ネクタイ1本、Yシャツ4着、サスペンダー1。洋服は全部ダブダブもひどいもので全く使えない。Yシャツも同様。肌着も着てみないが多分一つは大きいようだ。

昭和51年

日付なし（日記冒頭の記述）

お言葉。今年から侍従職扱いのお言葉を卜部氏から引継いで担当することになった。諸行事簡素化の一つとして、お言葉の内容を簡潔にすることが課題。

1月1日（木曜日）

4時半に起床。モーニング。侍従長が5時15分ごろ吹上においで。その前に予め御居間前ベランダに設けられた場所などを検分。5時25分ごろ侍従長は外に出て予めベランダでお待ちする。お二階御寝室控の間にゆき、お上に時間の旨申しあげた。皇后宮のお手伝いでモーニングにお召しかえ中であった。階段下でお待ちして、お上が下りてこられたので、お手水お介添。お上はお手水をお忘れになり、スリッパのままベランダにおいでになりそうだったので、あわてて申しあげた。御拝の場所に御先導、伊勢神宮の方向をはじめ、四方御拝（注）。宇梶〔操〕内舎人が屛風の後方に控えお上が囲いの中にお入りになると、内舎人と後方の入口に屛風を寄せて閉め、終ってこれを開けた。皇后宮はお食堂の近く廊下で四方拝をなさるという。お上が廊下にお戻りになった時、皇后宮は廊下に立ってお迎えになった。歳旦祭（注）御代拝の復命、6時10分ごろ。四方拝が終り、侍従長は直接庁舎にお帰りになった。6時近くまでそのまま起きていたが、何もすることもなくねむくなったので、服をぬいで床に入って少ししたら、仕人が掌典が御代拝の復命に来たというので驚いた。考えてみれば、今年が歳旦祭の掌典御代拝は最初（昨年まで侍従の御代拝）であったので、予め何も知らなかったわけだ。急いでモーニングを着て大広間囲いにゆき、待っていた香川〔朝男〕掌典次長の御代拝が滞りなく終了した旨の復命を受けた。（此方は何もいわなかった。）すぐ御居間に伺ったところ、お上はお机に向い、日記らしきものをおつけになっておられたので、復命を申しあげた。候所でまた服をぬいで、床に入った。

7時ごろ起床し、朝食をとった。

（四方御拝＝四方拝の儀。1月1日の早朝に、天皇が神嘉殿南庭で伊勢の神宮、山陵および四方の神々を遥拝する年中最初の行事。当時、70歳を超えていた昭和天皇の負担軽減のため住まいの吹上御所で行っていた）

（歳旦祭＝元日の宮中祭祀の一つ。天皇が皇居・宮中三殿で五穀豊穣と国民の安寧を祈る）

1月16日（金曜日）

仮谷建設大臣（注）死亡の勲記が午後3時すぎにあり、夜また内閣上奏ものくる。勤労者の社会保障に関する条約の批准について、はじめの御署名に公布のもの、あとで御認証、批准の上奏ものがきたので、お上が順序が逆ではないかと御注意あり。急いだので最初の御署名を頂くときに気がつかなかった。内閣の使にきいたところ、2回にわけてきたので、順序を間違えたとのこと。それとなく注意しておくようにとのおおせで、石田侍従から事務を通じて注意しておいた。

（仮谷建設大臣＝仮谷忠男。高知県選出の衆院議員。三木武夫内閣で建設相を務める。在任中に急逝）

1月26日（月曜日）

行幸啓関係者長官招待茶会。上野精養軒。東宮大夫、東宮侍従長、徳川次長、安楽氏に富田次長（注）も来て、東宮職との定期的な会合をもったらどうか、衣装のことその他、日頃意思疎通が十分でないから是非やりたいと、富田次長から長官にも経費の面倒をみてくれるよう伝えておくということだった。富田次長は3か月に1回くらいといっていたが、半年に1回でも年1回でもよいが是非実現させたい。

（富田次長＝富田朝彦宮内庁次長。内務省から警察庁入り。警察庁警備局長時代はあさま山荘事件を指揮。警視庁副総監、内閣調査室長を経て昭和49年に宮内庁次長。53年から10年間、戦後三代目の宮内庁長官を務めた。宮内庁トップとして昭和天皇の開腹手術を決断し、辞職後も宮内庁参与として闘病を見守った。靖国神社への参拝を巡り、昭和天皇から直接聞いた言葉として「だから私あれ以来参拝していない。それが私の心だ」とA級戦犯合祀が不参拝の理由だと記したメモを残した。平成15年に死去）

2月12日（木曜日）

午後風が静まり晴れたところから、午後にすればよかった（注）。結果論。お上そのためかお鼻汁とくしゃみが出る。心配だ。宇佐美長官（注）、小堀総務課長（注）参邸。長官風邪まだなおらず（昨年くれ以来と）、長官、夜拝謁が終って立ち上がり帰るときすべってころんだ。お上がお驚きになって「大丈夫か」とおっしゃったという。長官恐縮していた。

（午後にすればよかった＝天皇の散歩とみられる）

（宇佐美長官＝宇佐美毅宮内庁長官、昭和28年に宮内庁長官就任。内務官僚出身。昭和25年に初代の東京都教育長から宮内庁次長になった。田島長官の辞任に伴い、手堅い能吏ぶりを吉田茂首相に見込まれ長官に就任。53年までの長官在任中、皇室が政治に巻き込まれないよう注力した。政界からは「頑固一徹」と非難も受け、在任期間が長かったところから「宇佐美天皇」との陰口もささやかれた。ただ昭和天皇からは「律義者」と評され信任が厚かった。皇太子妃に民間から美智子さまを選ぶ過程で、推進役を務めたり、昭和天皇の訪米では内外の記者団と両陛下の会見をセットしたりするなど新例を開いた）

（小堀総務課長＝小坂尚志総務課長の誤記とみられる）

2月18日（水曜日）

宮殿でお上に、佐分利貞男（注）（お上にリンカーンの胸像を献上した元駐支公使。昭和4年箱根で死去）の献上時の肩書は何かとのお尋ねについて調べたところ、よくわからないので、時期をおききしたが、よく覚えていないとおっしゃった。それで佐分利の駐米大使館参事官の時代（大正8〜13年ころ）を申しあげたところ、その程度でよいとのことで終った。

（佐分利貞男＝元外交官。明治12年生まれ、外相時代の幣原喜重郎に請われて昭和4年、駐中国公使に。張作霖爆殺事件などで悪化した日中関係の改善を期待されたが、一時帰国中、箱根のホテルで変死体で見つかった）

2月24日（火曜日）

ロッキード事件の当局の強制捜査朝から始まる。

2月26日（木曜日）

2・26事件の当日に当るので宮殿にお出ましなし。

3月2日（火曜日）

お上今朝36度8分くらいという。今週の諸行事は一切中止。お上の御容態は追々御回復、西野侍医長（注）。

皇后さまにモロッコ首相夫人から御親書あり御開封を願う。フランス語でお読みになったあと訳すようにとのおおせ。

（西野侍医長＝西野重孝侍医長。昭和15年から侍医を務め、58年に退任。退任後も非常勤の参与として昭和天皇、香淳皇后の診察を手伝った）

3月12日（金曜日）

紀宮さま、学習院幼稚園御卒業のため吹上御参。東宮侍従お供。お祝いのお赤飯のおすべりが侍従長はじめ当直侍医にあり、皇后さまにお礼を申上げた。

4月24日（土曜日）

午前中御生研。往復ともお徒歩。お帰りの際「続くかな」とお天気のこと。週間予報では高気圧が北に片寄るので、曇りがちの日が続くとのことを申上げたところ「予報は当らないからね」とおっしゃった。

5月5日（水曜日）

御散策なし。午後、天皇誕生日のＮＨＫラジオ放送テープを御ききになった。岡本愛祐元侍従と田中侍従との対談。明神記者の司会。「天皇陛下とスポーツ」について、主に昔し話が多かった。
夜の入浴のとき女官から菖蒲湯のために菖蒲の葉とヨモギをたばねたもの（一握り位の太さ）をいただき、浴槽にいれてあった。両陛下も同様のもので菖蒲湯を召されるという。

5月30日（日曜日）

10時山本侍従と当直交替。10分程前に御散策どうかとのお尋ねあり。山本侍従から湿度が高いからもう少しお待ちを、よい時をあとで侍従から申上げるからとお答えしておいたとのこと。午後から雨との予報だったので、すぐ御前に出てこれからお宜しい旨申上げた。ところが湿度が高いからよくないとのことだったがとおっしゃったので、雨でも降り出しますとよくないが、降らなければかまいませんと申上げたところ、そういう意味だったのかとおっしゃってすぐ出かけるからということになった。

6月8日（火曜日）

東宮両殿下御訪欧（注）お見送りのため東宮御所に伺う。東宮殿下は我々列立の所を御挨拶されながらお通りになった。「どうも」と殿下。妃殿下は「両陛下から出発にあたってよくしていただいてありがとう」とおことば。徳川次長は「お気をつけなさって」と申上げていた。

（東宮両殿下御訪欧＝皇太子夫妻時代の天皇、皇后両陛下がこの年の6月8〜25日、ヨルダンやユーゴスラビア、英国、タイを訪問した。ヨルダンとユーゴは昭和天皇の名代で、タイは立ち寄り）

6月21日（月曜日）

午後御生研。午後4時30分から総理（注）拝謁（主要7か国首脳会議出席あいさつ）のため4時15分御生研から宮殿にお徒歩。夜、首相献上の山もも（高知産）少しかびが生えていたので賜る。お礼言上。しかしおいしくないし（昨年経験）もたないので、仕人に処分してもらう。

（総理＝三木武夫首相）

6月28日（月曜日）

朝日岳下へ。温泉地の客はまだ多くない。私の双眼鏡をもってゆく。朝日岳の大黒岩がよく見える。双眼鏡で私がきり立った頂上方向の岩をみていたら、お上が「大黒岩をみているのか」とおっしゃったので、それが「大黒岩」なる名前のきり立った岩であることを知った。

7月9日（金曜日）

信任状捧呈式。マリ大使は本務がソ連大使で、日本には1週間ほど滞在したあと、もう日本には会議でもない限り来ないとのこと。そこでお上のおことばが普通の大使と違わないとおかしい。「気候風土が違うが楽しく職務を遂行されることを希望します」とか、最後の「これからもしばしばお目にかかる機会もございましょう」などは変えた方がよい。前者はおっしゃらず、後者は「おからだを大切にするように」とかにしてはと侍従長の意見で申しあげたが、後者は従来いった例がないからと、しぶっていらっしゃった。侍従長も出て結局そのようになったが、終ってからも、前任者の場合はどうだったかなど、侍従長にお尋ねになっておられた。式部官長はあとで、侍従長に大変結構だったといわれた由、その旨お上に侍従長が申しあげたと、いわれたようだった。

7月20日（火曜日）

霧雨模様のお天気で朝から降るのか降らぬのかわからぬようなお天気。冷えるのでストーブを入れてもらう。すっかり暖になった。御座所（注）にストーブ（注）をと伺ったところ「まだよい、セーターを着るから」とおっしゃり、しばらくして、女官がお二階ホールはドアもないからどうか伺ったが、それでもセーターをきるからとお許しにならなかった。夜、御寝所とお東所にだけストーブを入れた。終日お出ましなし。

（御座所＝貴人の居室を指す言葉で、この場面では天皇の居室を指す）

（ストーブ＝那須御用邸滞在中で、この日は天気が悪く冷え込んだとみられる）

7月27日（火曜日）

ロッキード事件で田中〔角栄〕前首相逮捕。一気にトップに手が伸びた。うわさ通り。

8月19日（木曜日）

御病気中であった梨本伊都子様（注）（守正王妃）今朝おなくなりになった（94歳）。

（梨本伊都子様＝元皇族。イタリア大使を務めた鍋島直大の次女。明治15年にローマで生まれたため伊都子と命名された。現在の天皇陛下の曾祖父に当たる久邇宮朝彦親王の四男梨本宮守正王の妻。昭和22年に皇籍離脱した。このとき皇籍を離れたのは計11宮家51方）

8月31日（火曜日）

東宮五殿下御参。5：52〜7：35。八木東宮侍従（注）お供。先頃の毎日新聞の東宮批判記事（注）について気にしていた。

（八木東宮侍従＝八木貞二東宮侍従。昭和39年に就任、平成元年には現天皇の即位に伴い、侍従に就任。平成7年から11年まで侍従次長。21年に死去）

（東宮批判記事＝昭和51年7月27日付毎日新聞に掲載された「『皇太子殿下＝パ・リーグ』論」「実力はあるのに人気がもうひとつ…」と題する記者の署名評論を指すとみられる。当時の東宮侍従について「マスコミがどう書くか、過敏なほどの反応がある」などと批判し、「皇太子殿下が、国民に胸を開かれるとともに、批判に耳を傾けられ、尊敬できる親しい間柄になってほしい、と心から願うものである」と結んでいる）

9月16日（木曜日）

お上、迎賓館玄関前テラスに玄関ホールからお降りになる際、最後の階段をお降りになるとき、おつまずきになった。最下段をふみ外されたにしてはおよろめきが少ない所をみると、もう一段あるとお思いになったのか。よくおみえにならなかったためであろう。

10月13日（水曜日）

強風に倒れた木にツルクサの類がついていたら、それはできるだけ保護するよう仰せ。庭園の者は草を刈りすぎる傾向があるから注意するようにと。

今日から毎週水曜午後に皇居内植物御調査をはじめることとなった。過日の学者懇談会の席上きまったことによる。吹上御所近くから順次。

10月27日（水曜日）

午餐。お上のお尋ね仲々およろしい。連翠（注）に御着席の直後、総理が「良いお天気で」と申上げると、お上が「政治の方もこのようにうまく晴れるとよいね」とおっしゃり、一同大笑い。総理も苦笑していた。

（連翠＝宮殿の一室で公賓の接遇に使用される小食堂）

11月2日（火曜日）

午後2：00、内奏。認証式。法務大臣侍立。安楽氏担当。夜、吹上御所で三笠宮両殿下の過日のメキシコ御旅行からの御帰国歓迎のため、東宮両殿下はじめお集り。常陸宮両殿下、秩父宮妃、高松宮妃〔殿下は地方御旅行中〕、三笠宮容子、憲仁両方。御会食。あと、お談話室でお茶。その間に三笠宮殿下は御旅行のスライドの映写御準備。お食事中に此方で準備しようと考えていたが、御自分でなさるというので、お食事後となった。三笠宮殿下の御説明と御映写で行われたが、途中半ばでスライドが進まなくなったため5分程中断、西貝〔喜男〕仕人懸命の努力で直った。竹の間〔注〕での御進講の際もよく故障する機械で困りもの。8時半ごろ東宮両殿下始め、皆様お帰り。

（竹の間＝天皇の会見や引見、その他の儀式・行事に使用される）

12月2日（木曜日）

お上のお召物頂戴。背広（冬）1、Yシャツ（白、縞各1）、ネクタイ2、靴1。

12月18日（土曜日）

日赤名誉総裁の皇后さまのことについて、日赤の定款に名誉総裁を皇后さまに限定しているのは法の下の平等に反し違憲であるから、皇后さまの日赤名誉総裁不存在確認の民訴（注）が提起された。それで関係資料の作成、代理人の選任等で皇后の印が必要とかでどうするなど、長官の所で議論されたという。次長、審議官などは受けて立つ考えで、侍従長はじめ侍従職はほっとけばよい、下手に動くとジャーナリストの話題となるだけ、負けても却って名誉総裁をやめる口実になってよいなどの意見で対立し、結局長官もほっておくことにしたという。裁判所がどんな判断を示すか興味がある。（日赤も共同被告になっている。）

（皇后さまの日赤名誉総裁不存在確認の民訴＝皇后を名誉総裁とする日本赤十字社の規定については、東京地裁が「皇后の公的活動には民事裁判権が及ばない」として原告の訴えの一部を却下した。これを不服として原告が求めた抗告審で、東京高裁はこの年9月、「象徴の配偶者であることは、皇后に対する民事裁判権を否定すべき理由ではない」などとして、却下の判断を退ける決定をした）

12月22日（水曜日）

パキスタン国から建国の父生誕100年記念メダル献上あいさつにつき、お礼の伝達文書が伺いものとして出たが、メダルがお手許に上がっておらず、みてないとの仰せ。式部が文書だけ先行させたためとわかり、あわてて御覧に入れた。

クリスマスカードは各国から両陛下あてに来るものをお上がお手許におとりになり、皇后さまに保管をおまかせになっているが、皇后さまから女官の方にこれどうするのかとのお尋ねがあるような状態であり、女官から表の方で保管するなり考えてほしいとのこと。

第2章　昭和52年〜56年　皇后の体調不安

那須御用邸での天皇ご一家（昭和53年7月15日）

昭和天皇75歳、香淳皇后73歳だった昭和52（1977）年初頭ごろから、2人が物忘れをしたり、転倒したりといった健康面の不安を感じさせる記述が増えてくる。昭和52年1月14日には歌会始が行われたが、香淳皇后は自分の歌が詠まれる際に立ち上がって聞くべきところ、手順を間違え、座ったままで過ごした。

同じ年の6月15日の記述では、前日から訪れていた須崎御用邸で、昭和天皇の足がもつれて転倒。右手をついた際に軽い傷を負った。さらに7月には那須御用邸で静養中の香淳皇后がぎっくり腰となり、散策を取りやめるなどした。

香淳皇后は、このぎっくり腰の後、腰にギプスを着けるようになったが、そのことを周囲に秘匿すべきかどうかで一悶着あったことがうかがわれる。秘匿することには昭和天皇の意向があったようだが、小林氏は「当然の治療法を施していること」を、報道陣に知られることになっても「何も困ることはない」と記述している（7月30日）。

香淳皇后はこの後、物忘れなどの症状がさらに深刻になっていったため、そのことを「いかに隠すか」「いかにつくろうか」が、侍従らの間で共通の悩みとなっていく様が見て取れる。昭和54年8月15日の全国戦没者追悼式では、ひな壇中央に両陛下が進むべきところ、進んだのは天皇だけだった。「アレッと一同驚いた」と小林氏は書き、さらに、前日からの肉離れのため「お痛みでためらっていらっしゃったということにした」と記している。『昭和天皇実録』によると、宮内庁はこの建前を採用したらしく、「皇后の御起立」が遅れたことについて「左脚大腿部の不調による」と発表した。翌年の戦没者追悼式でも、柱前に立つ昭和天皇の横まで皇后が付き添わないトラブルがあった。56年の追悼式は皇后が欠席し、小林氏は「お上お一人の御臨席なので、テレビの中継放送も安心して見ていられる」と、侍従としての本音を漏らしている。入江相政侍従長も同じ日の日記で「今年は皇后さまの行啓が無いので気が楽である」と書いている。

昭和52年8月23日の欄には、昭和21年に発せられた詔書、いわゆる「人間宣言」の冒頭に「五箇条の御誓文」があることの真意について、那須御用邸で行われた宮内庁記者団と昭和天皇とのやり取りが記されている。この記者会見の内容は当時新聞紙上で大きく報道された。昭和天皇は、五箇条の御誓文に「広く会議を興し万機公論に決すべし」などとあることから、日本の民主主義は輸入されたものではなく、明治天皇の思し召しであったと強調したかったこと、自らの神格を否定するのは二の次であったことなどを語った。

この際の記者とのやりとりに関し、入江氏は日記で「(記者が) いやにくひ下つて、人間宣言の時のいきさつだとか何とか長い間うかゞひを立てる。もうこんなことを続けるなら今年限りでやめること」と不快感を示し、記者会見の取りやめを示唆しているが、小林日記では、昭和天皇が「あれくらいはしゃべってもよいのではないかと意気軒昂」（8月26日）と記しており、自身の発言を気にしていないことが分かる。

日中関係を巡っては、この時期、中国側の重要人物2人との会談があり、日中戦争に関する表現について微妙なやり取りが続いたことが分かる。

最初は昭和53年10月の、来日中の鄧小平副首相兼副主席との引見の場面だ。日記には「国賓以上の報道ぶり」（10月23日）といった記述しかないが、新聞報道によると、この時昭和天皇は「（両国の間には）一時、不幸な出来事もありましたが」と述べ、日中関係の過去に言及した。入江日記によれば、鄧氏は「今のお言葉には感動致しました」と答えた。同じ入江日記は昭和59年の記述でこの時のやりとりを回顧し、天皇が不意に「長い間御迷惑をかけました」と「謝罪」に近い言葉を語り掛け、鄧氏が「非常に衝撃を受けた」と記している。

2度目は昭和55年5月。来日中の華国鋒首相との引見と宮中晩餐会があったが、この際、日中戦争に関し昭和天皇が「遺憾」の意を表明すべきかどうか、側近幹部と意見が割れていたことがうかがわれる。小林日記には「陛下は日中戦争は遺憾であった旨先方におっしゃりたいが、長官、式部官長は今更ということで反対の意向とか」（5月27日）と記されている。小林氏自身は「お考えどおり御発言なさったらいい」との意見だったが、天皇の思いが通じることなく、晩餐会でのお言葉は次のようなものに終わった。「遺憾」の2文字はなかった。

「この意義ある御来訪によって、日中交流の歴史は、新たな一ページを開くことになると確信いたします。貴国と我が国が、今後末永く相携え、世界の平和と繁栄のために、貢献してゆくことを、願ってやみません」

（「小林忍日記」取材班・大木賢一）

昭和52年

1月14日（金曜日）

歌会始の儀。皇后さま御自分のお歌のとき起立なさるべきところお座りのままだった。はじまる前には、御自分のときとお上のときだけ起立ということを御自分からおっしゃっていたのにという侍従長のお話。しかし、誰も奇異に感じた者はいないだろう。

2月6日（日曜日）

一昨日（金）歯科の拝診があったが、そのあと夜のお食事の際、お上が治療した側の歯がよくかめない、力が入らないということで、夜再度拝診があった。内科的な原因があることが心配されたが、よく診断しても血圧も大体正常だし、様子をみるということに願った。昨日一日そんな様子だったが今朝お上が、もう直った、異物だったよ、とおっしゃったという。結局よく分らなかったらしい。

2月10日（木曜日）

信任状捧呈式。ザイール（注）、イタリア。外務大臣侍立。昨日の予定のところ予算委員会があって大臣が出られないため今日に延びたものであるが、その程度の国内事情から簡単に予定を変更することは対外信用の国際親善上甚だ遺憾。お上も御立腹。
（ザイール＝現コンゴ民主共和国）

2月28日（月曜日）

皇后さまのお雛様が今日お居間和室に飾られたので、御夕食前に皇后さまにお願いして御食事中に拝見した。皇后さまにお願いしたところ「家でも飾りましたか」との仰せで、男の子ですから家内がもってきた一対を飾った旨申しあげた。「女の子がそのうち生れますよ」との仰せにはまいった。「飾ると賑かになっていいね」とおっしゃった。

4月12日（火曜日）

総理（注）訪米報告のための拝謁あり（10：30〜11：15）。終って総理がひょっこり侍従候所に入ってこられ、一服して帰られた。
（総理＝福田赳夫首相）

5月10日（火曜日）

賜物使。元国務大臣、賀屋興宣氏（注）。予めお上に伺ったが、特にいうことはないから普通でよいと。賀屋正雄氏（注）承る。

（賀屋興宣氏＝A級戦犯の一人。太平洋戦争開戦時の東条英機内閣で大蔵大臣。戦時の財政担当の責任者だった。A級戦犯として終身刑となり巣鴨プリズンに服役したが、赦免後に衆議院選挙で当選し政界に復帰。池田勇人内閣の法務大臣や日本遺族会会長などを務めた。昭和52年4月28日死去）

（賀屋正雄氏＝加屋興宣氏の養子。日本銀行理事などを務めた。平成6年死去）

5月24日（火曜日）

午後春の園遊会お招きを受け、卜部氏夫妻と同乗して1時15分西口発。侍従長から御紹介いただく。お上もお気づきでお笑いになった。総務課長夫妻とあいさつ。

6月15日（水曜日）

向きを変えられるときお足がもつれ、右半身（腰部やゝ上から下）を下にしてお倒れになった。その際右手を水底におつきになった際掌を少しお切りになり、お手首上にかすり傷をおわれた。

7月4日（月曜日）

夜、常陸宮両殿下御参。お飼いになっているチンチラ（注）の子が生れた（2匹）ので、御覧に入れるため籠に入れてお持ちになった。片掌に乗る位の霜降模様の毛をした動物。リスとウサギの合の子。南米アンデス山中が原生地とか。

（チンチラ＝チンチラ科チンチラ属の齧歯類。体長25センチほど。齧歯類にはリスやビーバーなどがいる）

7月19日（火曜日）

皇后さまは17日（日曜日）の朝、いわゆるぎっくり腰でお床で、御調査はお上お一方。当分そういうことになろう。女官さんは大変。

7月24日（日曜日）

夜9時前に那須に電話したところ田中氏はもう就寝とのこと。角田氏（注）によれば、侍従長と杉村侍医（注）の意見が違い夫々お上に申上げたので、お上はどちらを信用したらよいのかと夜11時ごろと朝4時半ごろ田中氏をお呼びになった。そのため疲れて（昨日、今日、澄空亭〈注〉周りの樹木切りはらいに午後立会いに行くなどお供以外の仕事も重なったという）早くねたという。杉村侍医を説得することが鍵だという我々の予想と危ぐが当ったわけで、侍従長も頭に来ているのではないか。

（角田氏＝角田素文侍従。昭和52年に就任）

（杉村侍医＝杉村昌雄侍医。宮内庁病院外科医長から侍医に。昭和54年1月30日の日記に、杉村氏が宮内庁とトラブルになったことが詳述されている）

（澄空亭＝那須御用邸敷地内にある休息所）

7月30日（土曜日）

〝ぎっくり腰〟について—ギプス使用に関して—

女官長（注）はもし那須の方に直接お尋ねあった場合どのように答えたものか侍従長に

伺いたいからとのことで、小生から当直侍従を通じてお願いしたいとのことだった。吹上の卜部侍従にその旨依頼し、その際、ギプスをつけていらっしゃることはギックリ腰の治療法として一般に衆知のことだから、この際隠すこともあるまい。むしろいずれ知れることでもあるし、却って隠しだてすることはよくない。御兄弟、お子様方にそれほどのかくし立てをすることはない。直接お世話している者としてはうそをいうわけにはゆかない旨の女官長のお考えを伝えた。折りかえし、卜部氏から侍従長の答があり、次のとおり。

看護婦をつけて十二分のお手当をしており、御安静になさり徐々に御回復の旨お答えすることにし、ギプス使用のことは絶対に言わないこと。もし、後日宮様方に知れておこられても、その時は禁止されていたのでお話できなかったといえばよい。その責任は侍従長がかぶるとのこと。女官長にその旨お伝えしたが、常陸宮両殿下が来月5日那須においでで御会食があるのだから、わかってしまうのではないか。詳しいことは侍従長、長官にきいてほしい旨答えることにしようと強い御不満の様子。お上の御意向があって侍従長も秘していらるようというのであろうが、つまらないことで却ってお上のお立場を悪くすることにもなりかねないから、侍従長はお上のお考えを改めるよう説得すべきではないか。又、宮様方に秘しておくことはその筋から記者に流れて報道されることを恐れてのことだろうが、当然の治療法を施していることを報道されたところで何も困ることはないのではないか。

（女官長＝北白川祥子女官長。昭和44年に就任）

8月1日（月曜日）

午前中山本氏に電話の際、ギプス使用発表について女官長、冨家侍医の意向（不満）を話したところ、西野先生と山本氏は発表してもよいと考えていたらしい。侍従長に話してみるといっていた。午後山本氏から電話あり。30日お祭りの際長官が秩父宮妃に看護婦派遣を話したところ、それは大変とあちこちきき回った。お上がそれをお知りになり、だから発表は慎重にするようにと仰せあり、侍従長の30日の回答はその意を受けたものという。侍従長にきいて下さいとの返事で結構ということだった。

ギプス使用発表しないことに女官長はじめ大変不満。立場上かくせるものでないと。

8月8日（月曜日）

皇后さま御順調の御様子であるが、お上は侍医が（西野先生以外）悪い予想悲観的見通しを強調することに極めて批判的である由。そういう悲観的見通しを申しあげることは、お上が色々と御心配になる（侍従長をしばしばお召しになった）からよくない。技術者であって侍医ではないという侍従長などの意見である。女官長はじめ女官は、お上の御認識が甘いから卒直な意見を申上げるべきだという見解である。いずれがよいか夫々一理あろう。お上もいささかお考えすぎではないか。

8月23日（火曜日）

記者クラブとの御会見。10：05～10：55。嚶鳴亭（注）。終戦後の天皇の〝人間宣言〟（注）に関して冒頭に五箇条の御誓文があることについて、わが国は民主主義は戦後輸入されたものでなく、すでに明治大帝はそのような思召しであったということをマッカーサーも認め之を入れることとの天皇の考えに賛成したのだという。

（嚶鳴亭＝那須御用邸敷地内にある休憩所）

（〝人間宣言〟＝昭和21年1月1日に発布された昭和天皇の詔書。「朕ト爾等国民トノ間ノ紐帯ハ、終始相互ノ信頼ト敬愛トニ依リテ結バレ、単ナル神話ト伝説トニ依リテ生ゼルモノニ非ズ。天皇ヲ以テ現御神《アキツミカミ》トシ、且日本国民ヲ以テ他ノ民族ニ優越セル民族ニシテ、延テ世界ヲ支配スベキ運命ヲ有ストノ架空ナル観念ニ基クモノニモ非ズ」とある。天皇が「現人神」であること

を否定したものとして「人間宣言」と通称されるが、冒頭では明治天皇が示した「五箇条の御誓文」にも触れている）

8月26日（金曜日）

お上も侍従長、山本氏の心配をよそに、あれくらいはしゃべってもよいのではないかと意気軒昂たるものがあるという。

8月31日（水曜日）

皇后さまのお行事の簡略化について長官のところで侍従長など協議した結果、当面（今年中程度）長時間のものはお出にならないことにすると。

9月28日（水曜日）

日航ハイジャック、ために運輸大臣の午後の拝謁なし。

11月7日（月曜日）

両陛下に曝涼《ばくりょう》（注）から帰った旨御挨拶。お上から京都の水不足が市民生活、農業、工業に影響を与えているかどうかお尋ね。お池の水が一部が乾いているほか影響ない旨申上げた。

夜、田中侍従自宅から電話。黒田実氏危篤の連絡が山内〔和彦〕式部官からあったので、森岡〔恭三郎・事務主管〕補佐にお見舞のことを相談してほしいとのこと。森岡氏に電話し、徳川次長と相談してほしい旨たのむ。間もなく次長から電話あり、こうなっては皇后さまからお庭のバラを賜り明朝届けるのがよいとのことで、両陛下にお許しをえた。松園〔英子〕女官にもその旨伝えた。お上はお驚きの御様子だった。間に合わないかもしれないとおっしゃった。

（曝涼＝図書などを日にさらして風を通すこと。虫干し。小林氏は京都御所内の書物の曝涼を行っていた）

11月14日（月曜日）

元式部官の黒田実氏が今朝なくなった。一年半程前に手術し、奇跡的に元気になってつい先頃まで役所に出ていたが、再発という。

12月6日（火曜日）

進講、中山伊知郎氏（注）、堀江薫雄氏（注）、吉野俊彦氏（注）による現在の不況について。陪聴した。中山氏は不況の理論的説明。コンドラチェフの波動を引きあげる英知を各国共同で。堀江氏は為替面から。吉野氏は昭和初期の不況との対比を。10：30から12：05まで。続いて12：18〜1：25まで午餐、長官、富田次長、侍従長と陪食。お食事中も経済事情について色々と御説明、お尋ね。仲々面白く参考になった。政府の対応策と見通しの適切、適確、決断の甘かった点をやんわり批判していた。

（中山伊知郎氏＝経済学者。近代経済学の日本への導入に貢献。一橋大学元学長。文化功労者。昭和55年死去）

（堀江薫雄氏＝実業家。元東京銀行頭取。東大卒業後、横浜正金銀行に入行し、東京銀行の誕生に尽力した。国際金融問題の権威。平成12年死去）

（吉野俊彦氏＝日本銀行の元理事。進講の当時は山一證券経済研究所理事長だった。森鷗外の研究家としても知られた。平成17年死去）

12月25日（日曜日）

大正天皇例祭。御拝から綾綺殿（注）にお戻りになってお上が今日は大祭か小祭か（注）とのお尋ねで、山本氏が大祭のはずの旨お答えしたところ、お告文《つげぶみ》がなかったがとの仰せ。掌典長が吹上にお詫びに出た。お上はこれから忘れないようにと仰せがあったという。掌典職お粗末のきわみ。

（綾綺殿＝皇居内・宮中三殿の後方に位置する殿舎。天皇が神事に当たり、着替えなどをする場所）

（大祭か小祭か＝大祭は天皇自ら祭典を行い、御告文を奏上するのに対し、小祭は掌典長が祭典を行い、天皇が拝礼する）

昭和53年

1月1日（日曜日）

今年から皇后さまは、総理以下の祝賀など外部の人達の祝賀のみと軽減された。

1月3日（火曜日）

東京21㎝の積雪。お正月としては観測史上はじめてという。

3日夕方、賀陽恒憲殿（注）薨去（77歳）、1日には祝賀にみえていたのに。大雪の写真をとるようにとのことで当直の山口〔峯生〕氏（総務課）を通じ報道係に連絡できたが、嘱託カメラマンへの連絡がとれぬうちにとけてしまった。お上もこれでは無意味だから止めるようにとの仰せ。

お上の「おとし日」につき（3日はうしの日でお上の十二支）みかん2個あて側近に賜り。（戦前は切りあめだったという）

（賀陽恒憲殿＝元皇族。「賀陽宮恒憲王」として陸軍中将、陸軍大学校長を務め、昭和22年に皇籍離脱した）

1月17日（火曜日）

常陸宮両殿下御参。お食後、お能カルタ（注）は皇后さまなさってよいか侍医にと妃殿下が候所近くまで来られ、内舎人を通じお尋ね。源平に分れ8時10分ごろまで半分の50枚をとった。源（お上、皇后さま、宮さま）、平（妃殿下、市村、小林）。市村女官は読み手の松園女官と代る。お能の曲名を漢字で書いたものが取り札、万葉がなで書いたものが読み札。数枚とれたが、両陛下仲々お上手。漢字で読めないものもあり、両陛下、両殿下おなれになっている。時間が短く物足りなかった。

（お能カルタ＝能楽の題名を札に書いて作られたカルタ。恋愛歌の多い小倉百人一首は皇室にふさわしくないため能楽が選ばれたとの説がある）

2月23日（木曜日）

浩宮さまお誕生日の御挨拶に吹上に。両陛下がまだ予めお入りになっておらず、殿下に3〜4分廊下でお待ち願った。女官の両陛下に対する連絡が足りない。お上のお着の直後にお入りを申上げるべきだ。

3月1日（水曜日）

お尋ねあり。前線通過したというが、それほど寒くないのはなぜかと。又、今日は八日月かどうか。旧暦23日に当る。

3月13日（月曜日）

ブルガリア国家評議会議長（注）、国賓として来日。晩餐。東宮さまはじめ皇族方が全部御一緒に随従なさって春秋の間（注）近くまでおいでになった。東宮さまがこれでよいのかおききになったが、侍従長よくわからなかったので、小生が殿下方は松風（注）で暫くお待ちいただくことになっている旨申上げ、お戻りいただいた。きかれるまでだまっていたのはよくなかった。後席でのお上は非常な笑顔で諸員（先方随員と日本閣僚夫妻）とお話しをなさっていた。

（ブルガリア国家評議会議長＝トドル・ジフコフ氏。共産政権時代のブルガリアで最高指導者として独裁体制を敷き、35年間君臨した。国家評議会議長は国家元首。日本が平成時代に入った1989年の東欧革命で政権の座を追われた）

（春秋の間＝皇居の各棟の中で最も長い建物である「長和殿」に並ぶ各部屋の中央に位置する最大の部屋。レセプションや天皇への拝謁などに使われる）
（松風＝松風の間。正面から見て春秋の間の左隣にある部屋。宮殿を訪れた人の休所に使われる）

4月15日（土曜日）

進講。駐独大使吉野文六氏（注）。西ドイツの政治・経済事情。
（吉野文六氏＝外交官。ナチス政権下の在ドイツ日本大使館に勤務。同僚に大島浩大使や杉原千畝がいた。ナチスドイツの崩壊を現地で目撃。戦後は外務省アメリカ局長として沖縄返還交渉を担当した。退職後、沖縄返還に伴い日本側の負担を約束した「沖縄密約」に関わったことを示す米公文書が公開された後の平成18年に密約の存在を告白。密約文書を巡る情報公開訴訟に証人として出廷した。平成27年死去）

4月29日（土曜日）

夜は東宮五殿下、常陸宮両殿下吹上においで、お祝い御膳。7時ごろから35分、野生の王国（吹上御苑の野鳥）（NHK）（注）を皆様で御覧。終ってお談話室の椅子の配置を東宮さまと浩宮さまと一緒に直した。皆様お帰りあり、8時30分～9時に。朝のNHK、入江侍従長と三国一朗（注）との対談、VT〔R〕御覧。

（NHK＝実際にはTBSで放送された）

（三国一朗＝司会者、放送タレント。東京帝国大卒業で、日本近代史への造詣が深かったとされる。俳優としても知られた。平成12年死去）

5月1日（月曜日）

先日の国技館検分の際の弓取式御覧の件につき、所轄署で検討した結果差支えないということになった旨、総務課長から連絡あり。侍従長に相談したところ、相撲御覧の当初から（20年程前）弓取式御覧にならないことについて批判あり。警察にはかったところ2千人の警備要員増となるとのことで、それでは大変というので取止めとなっていた。1ケ中隊（約100人）程度の増員でまかなえるというなら結構だとのことで、実現の予定。

5月10日（水曜日）

朝のお熱7・5度、昼8・0度。2年振りぐらいのお風邪。認証官任命式（園田国務大臣）（注）、アフガニスタン大使夫妻（離任）の御引見、午後の勲三等以下受章者の拝謁等すべてお取止め。午後の叙勲者の拝謁は東宮殿下が代ってなさることに。

（園田国務大臣＝園田直外相）

5月12日（金曜日）

お上の御容態は御順調に御回復で朝お熱5・9度とか。来週月曜日に新長官の認証式を行うかどうか明日午前中にきめるとか。少々無理してもという雲行きらしい。強行も悪い結果となって週末の高知行幸中止などにならなければ幸いである。

5月18日（木曜日）もしくは19日（金曜日）＊記述箇所がどちらの日付とも読めるため

東宮殿下がお上のお風邪の間色々と行事をなさったことについて、天皇の代行なのか東宮殿下としてなさったものか、御名代とは何かなど論議が再燃している。今回の諸行事は急ぎきまったため、十分な理論づけ、詰めがなされて行われたものでないため、その形式が先行して処理されたきらいがあり、そのために理論づけが曇ることとなることを恐れる。

5月26日（金曜日）

宮内庁長官異動（注）。のびのびになっていた長官の異動今日認証式、発令。激動の戦後から新しい皇室制度の定着をはかったのは宇佐美氏のがんこさの功績であろう。新長官がなお残る旧来のろう習にどのように立ち向うか、仲々むずかしいと思われる。入江、徳川両長老のいる侍従職の発言力が高まると同時に、侍従長の重責が更に高まろう。

（宮内庁長官異動＝この日、宇佐美毅長官が退任し、富田朝彦次長が長官に就任した）

6月20日（火曜日）

那須御用邸行幸啓。夜、那須から電話。日本帰化植物図鑑と高知植樹祭日程表をお忘れにつき送付されたしと、安楽氏から。前者は明日の定期便で送れるが、後者は内舎人保管につき23日になる旨返事。

7月10日（月曜日）

信任状捧呈式。インド、アフガニスタン。侍立。インド大使の来日経験について予めきいておくことを忘れ、菊の間（注）でその点につきお尋ね、あわてて侍従長にきいたがわからず、式部官長にきいたところ、よくわからぬがあれに書いてないなら多分ないだろうとのことだった。その旨申しあげたが、松の間（注）でお上がその旨大使におっしゃったところ、数年前に1週間程滞在したことがあるとのお答えで、話が違ってきた。終ってお上におわびしたが、「ん」とおっしゃってお笑いになった。

（菊の間＝宮殿内で天皇が執務を取る「表御座所」の一室）

（松の間＝宮殿内の正殿中央に位置し、最も格式が高いとされる部屋。新年祝賀の儀や首相の親任式、認証官任命式、信任状捧呈式、歌会始など重要儀式が行われる）

7月12日（水曜日）

東宮御所増築部分の参観。一階の三宮さまの個所、進講室、私室等、二階の妃殿下、御服室、御化粧室等（二階部分は長官、次長のみに披露し、他の部局長にはみせないと）。仲々よくできているが、三宮さま個室に夫々防犯シャッターがガラス戸の内側に下りるようになっているのは不可解。カーテンはシャッターの外側にガラス戸の内につけるのだろうから、夜間シャッターを間近にしての居住ということになり、倉庫にいるようなことになるのではないか。毎日シャッターを下ろすのでないならば非常用なのか。紀宮さまの室の窓際に少し室内に寄った所に大きな柱があったが、外側に出すと別の柱と二本並び外観をそこねるというが、内側が狭くなるのだから使う者本位に考えない建築家の犠牲になったわけか。

8月15日（火曜日）

全国戦没者追悼式。皇后さまは昨年は御腰痛のためおいでにならなかった。第一供奉車に長官、侍従、主務官（注）の順に乗車する例のところ、主務官が急に真中に乗りますからと割りこんできたのには驚いた。そんな無理することもあるまいに。それに主務官はすぐ外に出れる所の方がよい。卜部さんに話したところ、総務課長に話しておいた方がよいとのことなので明日話そうと思う。

（主務官＝皇后や皇太子らの行啓の事務を司る行啓主務官とみられる）

9月1日（金曜日）

震災記念日のためお出ましなし。小深堀（注）は昭和51年以降お出ましなく、それは牧場に囲われたので見るべきものが少なくなったという理由のように聞いていた。しかし牧場に入れなくても、その附近の従来の道はなお十分お出ましの価値があるとの秋元老（注）の意見により、検分に行った。明日お出まし願うこととなった。

（小深堀＝御用邸のある栃木県那須町内の地名。サクラソウの群生地で、昭和天皇が植物観察に訪れた）

（秋元老＝秋元末吉氏とみられる。那須の茶屋兼土産物屋の店主。御用邸に長く勤務し、那須の植物について詳しく、昭和天皇の案内役を務めた。昭和56年死去。娘婿の文吉氏は那須御用邸管理事務所長を務めた）

9月15日（金曜日）

蔵前国技館行幸。春場所5月15日にお風邪のため中止になったものの代り。17日が中日であるが、成田空港百日闘争の最終日と重なるので今日になったもの。弓取式まで御覧になったのは初めて。特に混乱なし。警察官の動員も特にしないとのこと。

10月3日（火曜日）

今月から東宮殿下の定例御参が火曜日になった。浩宮さんが大学のつごうで水曜日は大体よくないということから。

10月18日（水曜日）

行幸啓。学習院創立百年記念式典。お留守中、田中氏に紅葉山（注）、桃畑附近と植物を案内してもらう。角田氏と。紅葉山の奥にユズ、ミカンなどの大木があるのに驚いた。家康が駿府から移したものと思われる。

（紅葉山＝宮内庁庁舎の北西に位置する丘で、「紅葉山御養蚕所」がある）

10月23日（月曜日）

鄧小平副総理午餐。日中平和条約批准書の交換のため来日したものだが、大変な歓迎ぶり。国賓以上の報道ぶり。右翼の妨害に対する警戒ぶり厳重であることの報道ないのはどうしたことか。

11月16日（木曜日）

裁判官の午餐言上は今年から11：00〜。お話、終って午餐となった。卜部氏、この方が言上も終って安心して午餐をいただけるからとの希望もありこうしたという。お上がこのように話が主となると、天皇が政治に関与してくるのではとの批判が出ないか、それに対する対策はよいのかとのことで山本氏、侍従長に話した。話中心となったのではなく、話の方はこれまで同様一部の者が話すだけであり、趣旨は前記のようなものである。ただ批判が起らぬよう注意するよう長官にも伝えておくとのことを申上げて、御納得。

12月6日（水曜日）

大平〔正芳〕自民党総裁の首相指名の国会は、幹事長を総裁派閥から斎藤邦吉を出したことに、福田派が特に反ぱつしたため開かれず、明日午後1時に開会ということで終った。今晩中に組閣完了の予定が完全にふっとんだ。憲政史上初めてのことという。

12月19日（火曜日）

旧側近奉仕者お茶。岡部元侍従（注）が関西地方にカメ虫が異常発生したがその原因は何かと伺ったところ、お上はきいていない。さあとおっしゃったので、岡部氏が「今後きかれたら私もさあ、といおう」といった。ふ真面目な一言。

（岡部元侍従＝岡部長章元侍従。元外交官で貴族院議員を務め、東条英機内閣で文相に就任した岡部長景の末弟。昭和11～21年に侍従）

12月21日（木曜日）

鳩山邦夫代議士が先頭に立っての蝶（オオムラサキ）の卵の吹上御苑での飼育問題（注）が新聞紙上を賑わした。当分棚上げとして、予定どおり実施する。ただ学者が表に出ることなどで収拾するらしい。代議士の売名行為の匂いが出るのは好ましくないということ。

（吹上御苑での飼育問題＝当時衆院議員だった鳩山邦夫氏はチョウの生態や飼育に詳しく、鳩山氏の著書によると、国蝶のオオムラサキを吹上御所で飼育することを宮内庁に提案。昭和天皇もこれを了承したが、「政治家の売名行為」と批判する新聞があったため、単なる提案者として身を引いた。幼虫を「献上」することにも問題があるとして、宮内庁は「愛好家グループの希望を宮内庁が単に了承し、グループが場所を借りて飼育した」との形をとったという）

昭和54年

1月16日（火曜日）

夜、東宮五殿下御参。その時、礼宮、紀宮さまお読みのニーベルンゲンの伝説の童話の本を曾て東宮さまがお上からお借りしたことがあるからもう一度とのことで、お着直前八木東宮侍従から電話。お食事中お話が出たので、女官が探した（皇后さまの方にあるとのこと）が見当らず。翌日また探すこととなった（市村、久保女官）。

1月17日（水曜日）

昨日の童話の本は、世界童話大系（全23巻）の中にあることが松園さんが凡そ知っていて（曾て東宮さまから返却されたことを覚えていた）、その本があったので全巻目を通したが、御希望の題は出ていない。女官さんと全部先方にさしあげてしまうとよいのだがと話合った。お上に中上げたところ、全部貸してあげて先方で必要なものを探してよいとおっしゃったので、これからも紀宮さま方が御利用になることも多いと思われるから、ずっと東宮御所において御覧頂いた方が、折角の御本も生きることになるとおすすめした。その結果そうしよう、私が必要のときは取寄せればよいからとのことで結着した。皇后さまにもその旨伝えておくようにとの仰せで、松園さんから申上げた。

1月30日（火曜日）

杉村侍医問題（注）。一昨年末以来、進退問題が表面化し、前長官時代から退職勧告など行われてきたが、一向にのらりくらりの回答でらちあかず、ここにきて、人事院の了解もとりつけ、3月末にやめるか、病院付に異動させるという線で勧告。明日に返事ほしいということで徳川、山本氏から通告。必ずしも常識的でない人のこと、去就不明。

（杉村侍医問題＝昭和30年から侍医の職にあった杉村昌雄氏は、昭和52年7月の香淳皇后のぎっくり腰の診断や治療方針をめぐって責任を問う声が上がったため周囲といさかいになり、辞職を勧告されて混乱に発展。昭和54年2月になって辞表提出に同意し、宮内庁を去った。その後も昭和57年の「文藝春秋」10月号に「『皇后陛下の腰痛』前後」と題する手記を公表するなどして、宮内庁との対立は続いた）

2月2日（金曜日）

杉村問題。明確な返事がないので、今日の当直に吹上に直接来るか、庁舎に来るかなどうわさしていたところ、非常識にも直接吹上に乗りつけたので、すぐ徳川氏から庁舎に呼びよせ、辞表を出すよう伝えた。当直は今日から杉村氏は外し、西川氏。辞表は出すことにした由。

3月12日（月曜日）

旧大本営跡をみる。10：30〜11：30。山本次長（注）、小幡〔祥一郎〕管理部長、井関〔英男〕管理課長、工務課長ほか。入口の扉がさびてなくなっていたので、先日入口を少し入った所に勤労奉仕の者のふんがあったところから、入口をふさぐこととなった。上部を少しあけてコウモリが出入できるようにした扉を打ちつけてしまうというもの。それで山本次長以下最後にみておこうということになった。内部は予想外に大変乾燥していた。壁面は幅のせまい板を縦に2m●●に打ち、ニス状の塗料を塗ったもので大した損傷もなく残っている。床はくちて殆ど残っていない。天井、上部の壁はしっくいのままきれいに残っている。中央左の大部屋が主要な部屋だったらしく、天井はレールをまげて舟底型にマス目にはってある。それに化粧の天井があったものかどうか。南口から入り、北口から出る。真暗。

（山本次長＝山本悟宮内庁次長。昭和53年5月に就任、63年4月まで務める）

4月2日（月曜日）

人事異動で杉村侍医遂に発令して辞職。拝謁のとき「退職するのは自分の本意ではない。特に非常に残念である」旨を申しあげたとのこと。お上から侍従長に伝えられた。矢張りとの感が強い。

4月15日（日曜日）

十時から御散策。八重桜は見頃の筈だが、他の花も御覧になり、時間がなかった。夜ヴィデオ「続・おくどはん」（注）。珍らしいことで初めてのV．T．〔R〕。毎週一回9：00から50分のもの。これまでは直接御覧のものらしい。

（「続・おくどはん」＝昭和54年3〜9月、テレビ朝日系列で毎週金曜日午後9時から放送された連続ドラマ）

5月8日（火曜日）

長官の拝謁が午後2：00から入ったが、行事は2：30からという原則を先頃作ったばかりなのに、内部からそれを崩しては何にもならない。特に今日のように上奏書類もあり、進講もあり、夜は東宮御一家の御参もあるような日には長官のものなど入れるべきでない。

5月21日（月曜日）

カラスの巣を半蔵門近くで数個落したので、カラス共が怒って警察官の帽子にいたずらしたとか。殺気立っている様子というので、当分御徒歩は見合わせてほしいとの側衛の希望で、御生研からのお帰りからお車。

6月1日（金曜日）

夕、御夕食前に皇后さまが血の乾かない頸部の肉の露出したキジらしい鳥の足をおもちになって、御座所にお呼びになった。お上から何の鳥か調べるようにとの仰せで、おあずかりして候所に帰り、仕人に明日庭園にきくようにいって新聞紙に包んでもらった。頭部も内臓部分もなく、頸部だけある惨いものだった。

6月14日（木曜日）

オオムラサキ放蝶。羽化した蝶を網から放すことについて時期を伺ったところ、すぐ放つ方がよいならすぐでもよい、庭園のきめたようにしてよい。ただ放すと鳥にやられるおそれがあるから、夕方、暗くなると目がみえなくなるから暗くなる前がよいし、場合によっては附近の鳥を追っ払ってからとか検討してみてくれとの仰せ。

6月20日（水曜日）

アメリカについて。東郷〔文彦〕駐米大使。全員。東宮両殿下は都内厳戒中のため出歩いてほしくないとの警察筋の要請からおいでにならず。10：00〜11：20。湯川式部官長（注）久々に出てきて陪聴していた。カーター大統領、サミット（注）の関係諸行事には出るという。病気の方は特に良くなっているわけではなく入院中であり、大丈夫だろうか。

（湯川式部官長＝湯川盛夫式部官長。元駐英大使。入院中なのは湯川氏であるとみられる）

（サミット＝「東京サミット」。第5回先進国首脳会議。日本で開催された初のサミットで、会場は東京・赤坂の迎賓館。大平正芳首相が議長を務め、皇居では7カ国首脳が会して宮中晩

さん会が開かれた。米国のカーター大統領は6月24日から日本に滞在した）

6月24日（日曜日）

お出まし前に月曜の御生研につき、晩餐の前に呑気すぎるという批判はないか、又、疲れるとかいわれるが、どんなものかとのお尋ねあり。前者については、全くお気にする必要はないこと、後者については、お上御自身のお気持のことで何とも申上げられないがと申上げげた。

6月28日（木曜日）

主要国会議に出席の首脳歓迎の御会見、御引見、晩餐。晩餐のテーブルにつく者の数を極端にしぼったため宮内庁関係者は長官、侍従長、東宮侍従長、式部副長2名だけとなり、侍従は式部官と一緒に別室（連翠奏楽室）で6：00〜6：50。西車寄の皇太子殿下のお出迎え。連翠での食前酒、石橋《しやつきよう》（注）の食後酒、春秋の間での舞楽（「還城楽《げんじようらく》」）約10分など通常の形式とはかなり違う次第。

（石橋＝石橋の間。部屋の壁面に前田青邨作の「石橋」「白牡丹」「紅牡丹」が掛けられてい

る）

7月17日（火曜日）

夜、東宮四殿下御参（浩宮御不参）。八木東宮侍従お供。紀宮さま（注）いよいよ背が伸び、もう浩宮さまを追いこしてしまったという。

（紀宮さま＝礼宮さまの誤りとみられる。この時、浩宮さま19歳、礼宮さま13歳、紀宮さま10歳）

8月15日（水曜日）

全国戦没者追悼式。ひな壇中央に両陛下お進みになるべきところ、橋本〔龍太郎〕厚生大臣の先導でお進みになったのはお上お一人であった。アレッと一同驚いたが、定位置にお立ちになったお上は、皇后さまがおいでにならないので、一寸左側をお向きになった。厚生大臣は先導後下がってしまったが、あとはテレビに入らなかった。協議して、昨日来のお足肉ばなれでお足を引きずるようにびっこをお引きになっていたのは衆目の一致するところだから、お痛みでためらっていらっしゃったということにした。

8月17日（金曜日）

那須御用邸行幸啓。お庭御散策。「山ユリの花が今日までにすっかり終ったことは例年より1週間位早いのではないか。マルバダケブキの花がもう咲いているところから、今年の秋は早く、寒さが早くくるのではないか」とおっしゃった。

8月29日（水曜日）

記者会見。いろいろ質疑がある。東宮時代の欧州御旅行の思い出。印象深いこと。赤坂離宮新婚時代の思い出。浩宮さまの将来についてのお考えなどを伺う。また終戦直後の食糧難時代、当時の松村〔謙三〕農相の著書にあること、即ち陛下が皇室の御物を代償にGHQに食糧を求めたらどうかと提案なさったこととの真偽を問うたことについて否定なさらなかった。自分のしたことだからと積極的にお話しにはならなかった。浩宮さまのことなど将来立派に成人することを期待していると極めて簡単で、記者は不満らしかった。ジョージ五世の立憲政治のあるべき姿の話はその後の指針となったことなど。

記者との懇親会。山本次長はじめ。食事の内容は少しおちたようだ。御会見の感想としては完全に陛下にしてやられた。簡単すぎたし、エピソードのみでこれといった盛上りがなかったということのようである。

10月16日（火曜日）

宮崎還幸。お土産に干しいたけと青島せんべい計４０００円という。予算は３０００ということだったが、購入のときお上から予算超過を申しあげたら「許す」という一言があったという。

10月23日（火曜日）

宮殿からお帰りの際、宮殿御車寄外側の段をふみ外されて、二、三歩前に出て両手と膝をおつきになり、右ひざ下のズボンが少し破れた。すぐお車をお呼びしようとおすすめしたが大丈夫と何度もおっしゃり、結局お歩きになった。

10月24日（水曜日）

園遊会。西川侍医御夫妻も御一緒の予定が、西川氏は直接会場にとのこと。お上は西川氏の前で大変相好をお崩しになってお笑いになった。珍らしいこと。

12月14日（金曜日）

側近一同御相伴。一同でうなぎを差しあげる（秋本）（注）ということで催された。侍従長が挨拶—今年もおよそお行事も終りに近づき、両陛下には御機嫌麗しく恐悦至極。何か差上げるつもりのところ、皆おんぶしてしまい、せめてうなぎだけでもと思ったがそれもおんぶで形をなさなくなってどうにも御あいさつの仕様もないと—。陛下にとは特にいわなかったが、薄々察知したか、利根川の自然ものとか。陛下はうなぎをすっかり召上がった。

（秋本＝東京都千代田区のうなぎ店「秋本」とみられる）

12月18日（火曜日）

朝、庭園の者がキムネオオハシ（注）（鳥）が路上でばたばたしていたのを捕えたので、吹上で当分飼うことになった。新聞に出して持主をさがすことになった。東宮、同妃、紀宮三殿下御参のとき御覧になった。

（キムネオオハシ＝全長40センチ近くの大型の鳥。中央アメリカ産。顔から胸が黄色でその下に赤帯がある）

12月19日（水曜日）

キムネオオハシの新聞発表の結果持主がわかったかとのお尋ねあり。発表自体どうするか検討中である旨お答えした。丸の内警察の管内のことで、遺失物扱いになるということで、動物園に持主が現れるまであずかってもらうことになるという。

昭和55年

1月3日（木曜日）

元始祭（注）。お告文が三殿であるところ、掌典長が皇霊殿で差上げるのを忘れたらしく、綾綺殿にお帰りになるや否や「掌典長間違ったね」とおっしゃり、しばらくして「高松さん今日来ているだろうか。わかるとよくない」と。「お見えになっていないのではないか。見えていたとしても、お声は届かないと思います」とお答えした。

（元始祭＝天皇が宮中三殿〈賢所・皇霊殿・神殿〉においてみずから主宰する「親祭」であり、皇位の元始を祝ぐ儀式。毎年1月3日に行われる）

1月10日（木曜日）

歌会始の儀。お上は30分くらいたってからお眠りになり始めたという。侍従長の足ぶみも効なく、お体が少し傾くくらいだったらしいが幸いテレビには映らなかった。朝濃いお茶を召上がらなかったという。

2月3日（日曜日）

御散策。11：05～11：40。両陛下お揃いは今年になって初めて。

2月19日（火曜日）

三宮様御参晩餐。5：40～8：00。高松宮さまの金婚式（昭5・2・4御成婚）のお祝いのため、秩父、高松、三笠三宮様方（5方）おいで、大食堂。大食堂からお戻りの際、はじめ高松宮さまが皇后さまのお手をお持ちだったが、お上がお焼きになるからと宮様がおっしゃり皆様大笑い。お上がなさったらということで、お上が皇后さまとお手をつないでお談話室にお戻り。大変ほほえましい、珍らしい情景だった。

2月25日（月曜日）

〔浩宮〕成年式祝宴。後席、石橋の間。終りごろ山本氏と中に入り、中央に三殿下のお並びになるのをまって陛下にお発ちを申しあげた。浩宮さんの皆様へのあいさつの頭が高い。

2月27日（水曜日）

浩宮御成年関係の此方の行事も終り、やれやれ。騒ぎすぎではないか、マスコミ。

4月29日（火曜日）

〔天皇誕生日一般参賀〕第一回お立ち台のときは約1万という。昨年に比べ倍以上。浩宮さまの最初のお立ちのためか。金詰りで遠出のできない人が手軽の行楽のために出てきたか。午前中の一般参賀人員は7万余と昨年より約2万多い。

5月19日（月曜日）

夜、中国映画「桜」（注）。未公開（いずれ秋頃公開予定）。7：05〜8：35。内掌典は招かず。記者には内緒のため。戦争引揚者の日本婦人が幼児を中国婦人にあずけ帰国。ハッピーエンドではあるがわかりにくい。両陛下には字幕は無理。

（中国映画「桜」＝昭和54年制作。中国残留日本人孤児の少女が主人公。育ての親と生みの親との間での戸惑いと絆を描いた映画。華国鋒首相の来日を控え、事前に鑑賞したとみられる）

5月27日（火曜日）

華国鋒首相との御引見にあたり、陛下は日中戦争は遺憾であった旨先方におっしゃりたいが、長官、式部官長は今更ということで反対の意向とか。侍従長は結構という意見らしいが。長官などの反対は、右翼の動きが気になるためという。しかし、国際的に重要な意味をもつことに右翼が反対しているから、止めた方がよいというのでは余りになさけない。かまわずお考えどおり御発言なさったらいい。大変よいことではないか。

6月8日（日曜日）

少し暑い（26度）が、省エネの折から冷房を入れるのはどうかと女官を通じお尋ね。

7月9日（水曜日）

大平総理の内閣自民党合同葬（注）のためカーター大統領、ラーマン（バングラ〔デシュ〕）大統領、華国鋒首相、その他各国要人来日。

（大平総理の内閣自民党合同葬＝大平総理は解散総選挙期間中の6月12日に急死した）

7月10日（木曜日）

新警視庁庁舎見学（注）。4時半に警視庁玄関へ、徳川次長はじめ侍従全員（侍従長所用、卜部氏当直で欠）。

（新警視庁庁舎見学＝この日は昭和天皇の見学の下見とみられる。昭和天皇が実際に見学したのは昭和56年1月17日で、前年に落成した警視庁の新庁舎を視察し、総合指揮所などを見学した。『昭和天皇実録』によると、昭和天皇はこのとき、二・二六事件で警視庁が陸軍の襲撃部隊に占拠されたことを例に挙げ、今泉正隆警視総監に重要施設の防護策の有無について尋ねた）

7月22日（火曜日）

２０３高地映画（注）試写鑑賞。東映本社（銀座）。侍従長はじめ。田中氏ゆかず、斎藤氏（注）当直。乃木第3軍司令官の苦悩といったものを中心に。肉弾相うつすさまじさ、お上には刺激強すぎて感心しない。途中5分休けい。

（２０３高地映画＝舛田利雄監督の「二百三高地」。日露戦争を題材にした仲代達矢主演の映画。ロシアのバルチック艦隊を迎え撃つための作戦として二百三高地の攻略を使命とされ、多

数の兵士を失った乃木希典将軍の苦悩などを描いた）
（斎藤氏＝斉藤誠治侍従。昭和55年に侍従就任）

8月15日（金曜日）

全国戦没者追悼式。〔皇后さまは〕お上の2～3メートル斜後方でおとまりになってしまい、柱前のお上の横にいらっしゃらなかった。最後までその場で黙禱。おことば終了までお立ち、お上のあとからお席にお帰りになった。記者には、皇后さまはおひかえになっていたのだろうと答えることにしたという。今年からお言葉が口語調に改められた。他のお言葉の調子と同様にするため。かねてから文語調に外部の批判があったものである。

10月2日（木曜日）

お稲刈御練習。お上の左手の握り方が拇指上、小指下が正しいのに、いつも逆になっているので、外部からの投書があった。従来から投書などで指摘されていたものであるが、今年から正しく願おうということになり、御練習いただいた。

10月20日（月曜日）

東宮妃殿下お誕生日祝賀のため東宮御所へ。今回から妃殿下の御前に出ておじぎする個別の祝賀はとりやめ、いつもの控室の半分を使用して全員列立し、妃殿下おでまし、長官の代表御祝詞で終り。

10月29日（水曜日）

明日〔京都御所に〕曝涼にゆくのでお上にごあいさつ。「浩宮が曝涼に行く（注）ので指導してやってほしい」とのおことばあり。

（浩宮が曝涼に行く＝浩宮さまは11月1日から3日まで曝涼の作業を御覧になった）

11月4日（火曜日）

4時ごろ収納（注）が終ったので、参内殿奥の明治天皇が東宮時代にお住いの部屋のふすまへの楽書きをみせてもらった。竹の節に一本横線を入れたのが、二、三か所あり、又、竹の幹から枝を出したような書き入れ、墨のとびちったあとなど。

（収納＝曝涼を終えた後に書物を元の場所に戻したこととみられる）

11月23日（日曜日）

〔新嘗祭の〕夕《よい》の儀がひどくおくれた（約15分くらい）ことについて、あとで采女《うねめ》にきいたところ、お上がおねむりになって進行ままならなかったという（お上は綾綺殿でお召替後、十分足らずの間おねむりになってしまい、お手水もなさらずお出まししそうになった。そのあとも同様のことがあったと思われる）。

昭和56年

1月6日（火曜日）

56年度の外国王室制度の調査につき3年振りで侍従が行くことになり、小生がということになったという。イギリス、ベルギー、オーストリアはどうかという侍従長、侍従次長の案らしい。表の職員が誰かなどはこれからという。これまで安楽氏も卜部氏も年度末の寒い最中だったので、今回は年度早々に（そうしないと予算が皇族方の海外旅行などにくわれてしまうこともあるらしい）という。

1月22日（木曜日）

外国王室制度調査の時期は6、7月ごろになるらしい。東京―ロンドン間のジャルパックが10日間のものしかなく、それでは短かすぎる（卜部氏のときでも12日間）という徳川さんの意見で、それ以上の期間のものとなると6、7月ごろのものになるという。一緒にゆく表の職員は将来課長になる見込みのある者という基準で選考しているが、まだ未定。

2月24日（火曜日）

ローマ法王御会見（注）11：00。

（ローマ法王御会見＝ヨハネ・パウロ二世との会見。皇太子時代にローマ法王とバチカンで会見。『昭和天皇実録』によると、戦時中、法王を通じて終戦工作をしたこともある）

2月28日（土曜日）

皇后さまお誕生日のお写真（映画）を総務課映写室でみる。約2分半。編集前のもの。魚を描いたものを前にして絵筆をおとりのもの。絵には全くお触れにならず、絵筆に絵具をおつけになるだけで大変不自然。

3月17日（火曜日）

礼宮さん中学御卒業。午後3時半御挨拶のため吹上においで。お祝いのこわご（お赤飯）の御贈進が両陛下にあり、そのおすべりを奥から頂く。

4月6日（月曜日）

御容態大変良い。朝6度台に。皇后さま昨夜（今暁）お居間、ホールなど歩きまわり、朝早くお居間で6時ごろ2時間位椅子でお眠りになったとか。

4月7日（火曜日）

皇警本部長藤巻氏失踪（注）。神奈川県警本部長から昨年秋異動してきた時から異常に見えたが、先週土曜朝入院先の病院から抜け出して以後行方不明だったが、夕方四谷駅で見つけられ病院に戻されたという。今日付で警察本庁に警務局付になり後任は橋本氏。

（皇警本部長藤巻氏失踪＝昭和56年4月4日、現職の皇宮警察本部長だった藤巻清太郎警視監が、入院先の病院から失踪し、7日になって東京・四ツ谷駅のホームを歩いているところを発見された。藤巻氏は前年まで神奈川県警本部長を務め、その当時部下の不祥事が相次いだことから「抑うつ状態」と診断され、都内の病院に入院したばかりだった）

5月1日（金曜日）

宮殿からのお帰りの際、お徒歩でとおっしゃったあと、小生がモーニングだったので、小林はモーニングだが大丈夫かとのおことばあり、恐れ入る。

5月5日（火曜日）

レンゲツツジ（赤と黄）満開。これは毒なので山野（那須でも）では馬も食べないためこれだけ残り、繁茂しているとお上。

6月6日（土曜日）

御生研からのお帰り時、大池通りにてクサイチゴの赤い実が多く熟していた。「クサイチゴの実は野生のイチゴとしては最もうまいものである」「ヘビイチゴの実は、以前には毒だといわれていたが、毒ではない。しかし今では味がない（すっぱくも、甘くもない）といわれている」

8月12日（水曜日）

皇后さま御腰痛のため那須にお残り。昨日記者発表。御腰痛再発。第11胸椎が先月末のレントゲン写真の結果つぶれていることがわかり、1〜2か月の御静養（強い御運動など禁止）。

8月15日（土曜日）

戦没者追悼式。お上お一人の御臨席なので、テレビの中継放送も安心して見ていられる。

11月26日（木曜日）

勅使。現職部局長以上はお使いが出るということで、山本氏（注）の場合も賜物使。小生ゆく。未亡人に「これまでよく尽くしてくれた山本が、なお若くしてなくなったのを惜しむ」と特に仰せと、通常のお言葉に加えて伝達した。

（山本氏＝山本岩雄侍従はがんの手術をしたが容態が悪く、11月24日に死去した）

第3章　昭和57年～60年　寛仁親王皇籍離脱騒動

視察先に向かう昭和天皇。後に続く入江相政侍従長と小林忍侍従（昭和60年6月25日）

昭和57（1982）年4月、皇室にとって前代未聞の問題が持ち上がった。昭和天皇の末弟である三笠宮の長男で自由奔放な言動がたびたび注目を集め、「ヒゲの殿下」と親しまれた寛仁親王が「身障者問題など社会活動に専念したい」との理由から、皇籍離脱、つまり、皇室を離れて民間人になりたいという希望を宮内庁に申し出たのだ。

敗戦後の昭和22年10月、当時の皇太子（現在の天皇陛下）ら昭和天皇家と、昭和天皇の弟の秩父宮、高松宮、三笠宮の3宮家を皇室に残し、11の宮家の計51人が皇族の身分を離れたことがあった。この際も、形式的には自ら願い出たことになっていたが、背景には、連合国軍総司令部（GHQ）による皇室財産の凍結や宮家の財産上の特権廃止に加え、日本側にも、天皇と血縁の遠い皇族を民間人にすることで「小さな皇室」を目指す意図もあったとされる。

寛仁親王は昭和57年当時、皇位継承順7位だった。自らの意志で皇籍離脱したいと考えていることが明らかになったことは、国会でも取り上げられ、各方面で衝撃を持って受け止められた。寛仁親王は直後に肝障害と診断されて入院した。宮内庁幹部らは、親王の回復を待ちながら「皇室典範上、親王が自らの意志で皇籍離脱をすることはできない」と水面下で説得を続けたようだ。

小林日記は、伯父である昭和天皇もこの問題を憂慮していたことを伝える。「寛仁さんのことで御心痛の御様子で、今朝も靴下をおはきになりながら、しばらく考えごとでじっとなさっていたり、お食事中もお手をしばらく動かさなかったりなど考えごとが多いように見受けられたとのこと」。昭和57年5月9日の記述からは、天皇が、日常生活に手が付かないほど「皇籍離脱発言」を気に掛けていた様子が詳細に分かる。

同年6月末、寛仁親王は退院した。体調が回復するに伴い、態度は軟化していったようで、結局、親王が宮内庁側の皇室典範の解釈を受け入れ、今後は皇籍離脱を巡る思いを公言しないことを約束し、事態の収拾が図られたとされる。

この年の11月、その後、約5年もの長期政権となる中曽根康弘内閣が発足する。中曽根首相は戦後40年の節目の昭和60年8月15日、閣僚と共に戦後初めて首相として靖国神社を公式参拝した。憲法の政教分離原則を意識して神道儀礼はやめ、従来の玉串料に代えて供花料を公費から支出した。これには中国が「人民の気持ちを傷つけた」と猛反発するなど、アジア諸国の反感を買った。国内でも、信教の自由を侵害されたとする訴訟が起き「違憲の疑い」を指摘した平成4（1992）年の大阪高裁判決が、原告敗訴のまま確定した。

中曽根氏の靖国参拝に対し、昭和天皇の側近である小林氏も懸念を書き記している。

「実をすて名をとったと思われるが、（中略）性急に決め、今後に紛争の種を残したと思われる」「国際的にも問題を提供したのではないか」（8月15日）。

興味深いのは、中曽根内閣の参拝が、昭和天皇の今後の参拝に影響を与えることを気にする同じ日の記述だ。「お上の靖国神社御参拝も10年毎ならば今年秋に行われることになろうが、私的御参拝ということになっているところ、首相がほぼ同様の拝礼の仕方で公式参拝と堂々と称したことがお上の御参拝にも影響し、『私的』で押し通せるのかどうか」。昭和天皇は、この10年前の昭和50年に靖国神社を参拝したのを最後に、二度と靖国を訪れることはなかった。昭和53年にA級戦犯が合祀されたことに不快感を持っていたからとされる。後に見つかった富田朝彦元宮内庁長官の昭和63年4月28日付けのメモ（富田メモ）には、天皇の発言として「或る時に、A級が合祀され」「だから私（は）あれ以来参拝していない。それが私の心だ」と記されていた。

富田メモや卜部亮吾侍従の日記を見ると、昭和天皇はA級戦犯が合祀されたことを知った段階で、靖国への参拝取りやめを決意したことがうかがえる。そういう思いを抱いていた天皇は中曽根首相の靖国参拝を当時どう見詰めていたのだろうか。

（「小林忍日記」取材班・坂口貴）

昭和57年

1月2日（土曜日）

一般参賀は第1回が10時10分から。今年からお言葉あり。昨年お誕生日にあったので新年もということになった。「新年おめでとう。今年もよい年であることを希望します」と御音声朗々としてよい。

1月8日（金曜日）

講書始の儀。カフェインが効いたのか、お眠りにならなかったと。

1月15日（金曜日）

光仁天皇1200年式年祭。御代拝。今年から式年祭（注）も御代拝となる（昨年は御拝の数をへらしたが式年祭は残っていた）。今年は春秋の皇霊祭（注）と新嘗祭《にいなめさい》の三つだけ御拝とすることになった。

（式年祭＝歴代の天皇、皇后が亡くなった年から3、5、10、20、30、40、50年、以後は

100年ごとを式年とし、亡くなった当日に皇霊殿で行われる祭祀)
(皇霊祭＝春分・秋分の日に天皇が皇霊殿において皇霊を祀る大祭)

3月3日(水曜日)

皇后さまが最近お居間からお庭の木々を御覧になり、木蔭に人がいるとの幻覚的な状況を呈するので、光る葉のシュロ、アオキ、ススキを切ったり刈ったり、庭園の者に依頼した。

3月10日(水曜日)

イタリア大統領(注)歓迎行事。国会のつごうにより、いつもより1時間早い時刻に挙行。日本政府も勝手なもの、国賓として迎えておきながら、こちらの都合で時間を変更するとは。

(イタリア大統領＝アレッサンドロ・ペルチーニ。1978年、81歳で大統領に就任し、85年まで務めた。90年に死去)

4月6日（火曜日）

お上のお昼寝は晩餐のために2時～3時半ということを侍従長から願った。そのため夜のお帰りの際の御様子ではお眠くなさそうだった。

5月9日（日曜日）

葉山から三笠宮寛仁さんのことで御心痛の御様子で、今朝も靴下をおはきになりながら、しばらく考えごとでじっとなさっていたり、お食事中もお手をしばらく動かさなかったりなど考えごとが多いように見受けられたとのこと。

5月14日（金曜日）

外国旅行（注）のことをお上に申しあげた（宮殿、11時半）。ロンドンの壬生基博さん（注）のひ孫、お生れだが元気にしているかどうか。時間があったらみてきてくれるようにとのことであった。からだに気をつけて行ってくるようにとのおことばあり。

（外国旅行＝前年1月6日の記述にある「外国王室制度の調査」がこの年に実施された。小林氏らが5月23日から6月1日まで英国など欧州に出張した。なぜ56年度から57年度になったか

は不明）

（壬生基博さん＝昭和天皇の孫。東久邇盛厚氏と第一皇女・昭宮成子内親王の二男で壬生家に養子に入った。平成27年より山階鳥類研究所理事長。昭和57年当時は日本航空ロンドン支店勤務。「ひ孫、お生れ」とあるのは、壬生さんのもとに誕生した子どもを昭和天皇からみてひ孫と表現したとみられる）

7月18日（日曜日）

お風邪のためお床。深夜2時40分ごろ側衛のドアを叩く音で目を覚ましたところ、侍従候所のブザーが鳴っているとのことで、急いでみに入ったら侍医を呼ぶブザーだった。侍医を呼んでくれるよう側衛に頼み、侍医室に行ってもらったが仲々戻って来なかった。別棟へのドアに鍵がかかりあかず、内舎人を起していたらしい。側衛が戻ってきて今来ますからとのことで、その直前までブザーは消えなかった。西川侍医にあとできいたところ、ブザーは知らず、側衛に起こされたとのことで、ブザーを消したのは侍医ではない。側衛かと思われる（確かめたい）。部屋で侍医が来るまで待っていた。てっきり間違いブザーであり、若しそうでなくても女官が既に起きて出ている筈で、侍従のブザーが鳴らないのは侍医でなければ役に立たないか、間違いブザーだと思ったからだが、反省してみると、侍医が来る前に御寝室に行くべきだった。

7月19日（月曜日）

昨日は前夜半のさわぎのあと8時前にお体温が7・2度余り。お脈が100位であったので、夜におはきになったのも風邪のためとわかったのだが、昨日一日の御容態は悪化することなく6・9度前後に推移した。今日は朝から6・0度、お脈78と非常に好転した。夜も5・7度、78と平常。お上は「良宮がお東所がわからないといって起したので、起きたところはき気がしたが、はいたら治った」とのこと。侍医の診察によればお脈も御気分も特に心配することはないとそのまゝお休みいただいた。帰りに女官を起こし（松園さん）、ポータブル便器のはいた物を明朝すてないように侍医が頼んだ。3時ころ床についた。その間皇后さまは寝台に腕をついて横になり、にこにこお笑いになっていた。

8月13日（金曜日）

お上お風邪のため、還幸おとりやめ。37・6度くらいという。侍従長と森氏（注）はそのまゝ那須に。森氏は日曜日に上奏書類（月曜日の認証関係）をもって帰京の予定。
（森氏＝森猛侍従、昭和57年に侍従就任）

8月15日（日曜日）

戦没者追悼式。東宮殿下が御名代として御出席。

8月16日（月曜日）

お上御容態。胆のう炎らしいと㊙。

認証官任命式。最高裁判事と大使の任命式が予定されていたので、東宮さんに代りにお願いしたらどうかという案が先週末に長官から出されたので、式部などで検討し、侍従職の意見も求められたが、侍従長はじめ一同反対。どさくさの中で十分な検討ができないまゝすることは他の諸儀式との関係、式は宮中で行うことになっているが、陛下の御留守のとき宮中とはどこか、侍立する者は誰か等問題多く、それにお上にお許しをえるにも御病気中に申しあげることはあげにくい。式はしないでもあとで拝謁を願うことで丁重さをおぎなうことはできようとの侍従長の意見もあったが、結局、山本次長侍立、東宮侍従

（八木氏）先導という形で実施された。山本次長侍立の理由はよくわからない。こんな形での儀式があとにどう影響するのか問題を残した。

9月23日（木曜日）

秋季皇霊祭御拝。今年をもって御親拝は最後にするというので、記録写真をいただく。

10月2日（土曜日）

島根国体行幸。供奉の者一同、赤い羽根を襟につけることになり、お上にもお願いしたところ、宇佐美のときつけないことにしたのに、何故急につけることになったかと仰せあり、ギャフン。慌てて羽根をとって出発した。やはり思いつきのことはよくない。

11月1日（月曜日）

明日エジンバラ公（注）午餐に三笠宮寛仁殿下が見えることについて、お上が病気のあと一度も会っていないのに午餐の場で急に会うのはよくない、事前に会うようにするとか考えるようにとのことで侍従長にその旨お伝えした。長官と相談して何とかするということだったが、結局御不参ということになるという。

（エジンバラ公＝エリザベス女王の夫のフィリップ殿下。世界野生生物基金総裁として来日した）

11月2日（火曜日）

エジンバラ公御会見。午餐。寛仁親王同妃は結局それなら出席しないということとなった。今後のお行事のこともあり、いつまでも未解決ではすまされまい。長官などもっと早く、例えば神嘗祭《かんなめさい》（注）には賢所に御参列になっているのだから、その時点で予め解決しておくべきものであったろう。もう解決していると殿下の方でお考えになっているらしいが、三分の理はあろう。

（神嘗祭＝10月17日に行われる大祭。賢所に新穀をお供えになる神恩感謝の祭典）

11月5日（金曜日）

皇后さまホールにさまよう。夕方紀宮さまおつきの30〔分〕程前、皇后さまホールにおいでになり、側衛にお持ちの写真（那須、その他のカビネ判10葉ほど）について何かお尋ねになっているという知らせが内舎人、仕人からあり、急いで出た。お居間の方にお帰りいただき、用向きを伺ったが、お上から何か裏に書くようにおっしゃられたらしいが要領をえない。侍従がお相手していることをおわかりでないらしい。階段下ホールでお話ししていたところお上がおいでになり、お引取り願った。

11月23日（火曜日）

新嘗祭夕の儀。玉座からお立ちの際、御冠が何かのはずみでとれてしまい、お上が盛におさえていらっしゃるのに気づき、緒を直しておつけした。お立ちの際仲々お立ち上がれず、掌典長が少しお介添。

11月27日（土曜日）

中曽根内閣、親任式。認証官任命式。官房長官に後藤田〔正晴〕など田中派が党、政府両方のかなめを押さえたことで田中派が6名、無派閥1も田中に近いなど悪評。第四次田中内閣とか。

12月2日（木曜日）

国会開会式おことば御練習。明日行幸が本決まりとなり御練習。夜7：10〜7：22。「97」（注）は「クジュウ」か「キュウジュー」か、後者に。「ナナ」か「シチ」か後者に。

（「97」＝12月3日が「第97回国会」の開会式の日だった）

昭和58年

1月3日（月曜日）

高松宮殿下お誕生日につき御参内。両陛下とお談話室で御対面。2時40分～3時40分。例年30分くらいのところ今年は大変長い。昨夏以来ヘルペスとその余後のため公式行事には御不参の妃殿下のこと、寛仁殿下のことなどがあったからか。

1月12日（水曜日）

中川一郎氏（注）賜物使。1：30発、2：00先方着。中落合2丁目。長男、故人夫人、次男が出て長男が拝領。先導平沼赳夫衆議院議員。中川議員は8日札幌で急性心筋こうそくで死亡とされていたが、昨日になって、自殺（縊首）であったことがわかり、そのため賜物使差遣はどうかと思われたが、先方が辞退した時に限って取り止めとの慣習があるので、衆議院当局を通じてその旨打診したが、院に積極的に遺族の意向を確かめる気持もないらしいとのことであった。その後にどのような経過であったかわからないが、辞退はないことが明らかとなったので、予定どおり差遣となった。お上にはこのような経過のあらましを申しあげたところ、はじめそれでは止めにするかとおっしゃったが、そのような事情ならいつものように伝えてくれるように、科学技術庁長官としても功績があったのだからとの仰せであった。

（中川一郎氏＝1月9日、元農相の中川一郎氏が札幌市のホテルで首をつって死亡しているのを家族が見つけた。57歳だった。前年秋の自民党総裁選予備選に立候補、最下位で敗れた。鈴木善幸内閣で科学技術庁長官）

1月20日（木曜日）

昨夕、黒木東宮侍従長（注）、新宿外出先で急逝、心臓発作という。65歳。新宿のトルコ浴場に、検診に行きつけの検査所からの帰りに4時ころ行って、そこで倒れたという。場所が場所だけに工合が悪い。昨夜というより今真夜中2時ころ当直の安楽氏に八木東宮侍従から知らせあり、お上には明日長官が申しあげるからとのことだったという。そんな時間に非常識だと皆憤慨した。早速夕方の日刊ゲンダイ紙には「問題の場所」として掲載された。

（黒木東宮侍従長＝黒木従達東宮侍従長。昭和52年から東宮侍従長を務めていた。西郷隆盛の

弟・従道の孫。現天皇、皇后両陛下の結婚に尽力した）

2月1日（火曜日）

寛仁殿下のこと。侍従長と長官に伝えるようにと次のように。「寛さんは英国のことについては自分が一番よく知っていると思い上がっている。浩宮のオクスフォード御留学（注）について誰がきめたのかと一昨日吹上にみえたときいっていた」

（浩宮のオクスフォード大御留学＝この年1月1日の朝日新聞で、昭和58年夏から約2年間オックスフォード大に留学することが報じられた。同年6月に日本を発ち、英王室へのあいさつ回りなどをすませ、10月初めからオックスフォード大マートンカレッジに入学。2年間、テムズ川の水運について研究した）

2月2日（水曜日）

寛仁殿下のこと。侍従長、長官に更に追加して伝えるように。「浩宮の留学の新聞記事を読んで話していたが、あれは正式に閣議了解できまったものではないと思うが、寛さんは新聞を信用しすぎる」と。

2月10日（木曜日）

中国大使の中国料理献上。侍医の押しつけ（注）の結果、お上に差しあげるのは好ましくないから、須崎には送らないことにすると徳川次長（須崎）に電話してほしい旨電話あり。外の外国大使から同様の献上の例になるのも困るからという考えからこのような取り扱いにするということらしいが、それならそれで献上自体を断わったらよいのにと思う。よくわからないが、その旨徳川次長に電話した。

（押しつけ＝「おしつけ」。宮中で天皇の食事を毒味すること）

3月8日（火曜日）

植樹祭における皇后陛下のお手植え木の取扱い。今後は皇后陛下の植樹はなしとする。お種まきも同様。

3月29日（火曜日）

宮内記者御会釈。2：20〜2：45。御車寄内、お立ちのまゝ。山本次長、水町〔治〕総務課長。オフレコで自由に。このところお天気の悪いこと、桜の開花状態、狸などのこと、皇后さまの御健康のこと、東宮時代、パリのお買物のこと、記者にお会いのときのお気持、皇后さまとの日常の御会話のこと、等々。「良宮は腰が悪く健康状態がよくないので、余り話しもない」というようなことをお答えになったことがあとで記者の間で問題となり、どういう趣旨だったのかと。侍従から説明してほしいと総務課担当者がいって来た。侍従長、侍医長と相談の結果、先頃の皇后さま宮殿でお転びになったあと、お膝などかなりお痛みなどあったので、そのことについて御心配になってのお会話が多く、その他のことについては余りないという趣旨であることを小生から記者団に説明し、納得してもらった。

4月11日（月曜日）

東宮さんの御会釈お言葉。宮内庁新採用職員に御会釈の際の東宮さんのお言葉の参考に、お上の同職員拝謁の際のものを教えてほしいと先方の事務担当者から此方の庶務係長にいってきた。それで昨年までの東宮さん御自身のものを参考にすればよいので、陛下が何とおっしゃろうと直接関係ないと思うと断わらせた。ところが早速八木事務主管（注）から電話きたので、同じ趣旨のことを伝えたところ、下の者（東宮さん）が上の人（陛下）のお言葉を参考にするのは当然ではないか、東宮さんが聞いてくれるようおっしゃっているのだから知らせてほしいという。陛下の代りにお会いになるのではないのだから独自にお考えになったらよいではないかといったが、秘密扱いになっているかとのことで、そんなことはないと知らせてやった。大体見識のないこと甚だしいし、又、東宮さんの希望なら事務を通じないで直接東宮侍従から此方の侍従にいってくれればよいのだ。

（八木事務主管＝八木貞二東宮侍従。事務主管は侍従職の庶務を司る）

4月12日（火曜日）

進講10：00〜11：10。学習院大学教授、黛弘道（注）。蘇我氏について。バラの間。お上の御希望により催されたもの。従来の蘇我氏に対する通説に特に反するような説明はなかった。

（黛弘道＝黛弘道学習院大教授。専攻は日本古代史。『物部・蘇我氏と古代王権』などの著書がある。平成22年死去）

5月30日（月曜日）

ネクタイお忘れ。お上も「小林も気がつかなかった」と女官におっしゃっていたというが全く気が抜けない。まさかお忘れとは思わなかったが、曲ったりしているとお直しすることがあるのだから、全然なしに気づかなかったとは我ながらおそまつ。

6月8日（水曜日）

森氏入院のこと申上げ。卜部主管（注）から申しあげたところ、お上から、御用邸にゆくようになると特に忙しくなるだろうから侍従一同からだに気をつけるようにとのおおせありと。

（卜部主管＝卜部亮吾侍従。昭和56年から侍従職事務主管になった）

7月21日（木曜日）

那須行幸啓。御調査。大きなスズメバチが一匹来て、お上のお顔、お手に止まりそうに近づいたが何事もなくすんだ。

7月25日（月曜日）

昨夜（今暁）3時前後。皇后さまお東のあと廊下にお迷いで仲々御寝室にお戻りにならなかったらしく、お上がお探しで市村女官をお起しになり、何故鍵をかけておかなかったとおしかり。

8月9日（火曜日）

長崎原爆の日でお出ましなし。御夕食のとき、お箸をよくお持ちになれず、度々お落しになり、揃えるのに卓にトンとおつきになった。御飯もよくおこぼしになったと。悪い前兆でなければよいですがということであろう。お疲れのせいでもないらしいが。心配だ。御格子前に侍医が伺ったところ、右拇指が少ししびれるとのことで拝診したが大したことはなさそう。明日のお出ましはかまわないと。

8月11日（木曜日）

上腈の辺りから感じがよくないらしい。看護婦の来るのを心待ちなさっている御様子。マッサージでもおさせになるおつもりか。侍医が何も処置しないのはおかしい。徳川さんが侍医に何かしてあげるよう頼んだので、やっと薬をお塗りした。しかもすぐにでなく御格子のときに。女官長、久保、小野、安藤〔桃子〕女官が交替で参邸したが、星川侍医（注）のやり方に大いに不満。

（星川侍医＝星川光正侍医。この年10月に西野重孝侍医長に替わり侍医長に就任する）

8月12日（金曜日）

お上は看護婦のマッサージをお望みらしいが、星川侍医はクセになるからなさらん方がよいととりあわない。クセになっても良くなるならよいではないか。

8月22日（月曜日）

お上此方〔那須〕においでになってから、毎日午前と午後一回ずつ約15分くらい、看護婦が右手のマッサージをしてあげている（吹上でも）。根因については侍医の中でも意見必ずしも一つでない様だが、9日ごろから時間も経っているのに進行する様子がないので、局部的なものだろうというのが伊東侍医（注）の意見。

（伊東侍医＝伊東貞三侍医）

8月29日（月曜日）

お上のしびれ殆ど良くおなりで、マッサージがきいたらしいと。皇后さまのお足のはれも大変良いとのこと。何より。

9月1日（木曜日）

大韓航空旅客機（ボーイング747型機）撃墜さる。今早朝、ソウル着予定のアンカレッジ発の旅客機が樺太上空を侵犯、ソ連軍用機に海上に撃墜された。240人の乗客は全員死亡（日本人27人）（注）という。アメリカ人も下院議員1人を含む相当数の犠牲者があり、アメリカ世論も騒然としているらしい。ソ連からは領空侵犯と墜落と思われる浮遊物発見という発表があった。又、何故、樺太の方までかなり方向の違う所まで飛行したかは不明。

（27人＝実際は28人死亡）

9月5日（月曜日）

散歩。御調査、沼原。板道のお進みが容易でなく、すぐ後ろでメモとりと注意で緊張した。最後の所で広い板道であったのに足を半分おふみ外したため、右側におよろけになった。急ぎ支えたが間に合わず、後ろに尻をおつきになるように倒れ、小生の上に重ね餅。何事もなくて幸いであった。

9月23日（金曜日）

賢所の祭祀に侍従も参列。お上の御親拝が新嘗祭を除いてすべて御代拝になったので、（今年から）前々から侍従も誰か参列したらという話が持上がっており、今年は秋季皇霊祭が間近に迫っているので、とりあえずこれに出てはということになった。

9月28日（水曜日）

容子内親王（注）朝見の儀。皇后さまのおことば、仲々お読みにならず尻切れ。酒盃お口につけず、お箸お立てにならずうやむやなど散々の態であった様子で、記者連中注目の中でいよいよ老衰状況が知られてしまったという。これから記者への対応どうするのか、もうごまかしきれないと思う。却ってよいのかもしれない。

（容子内親王＝三笠宮崇仁親王の二女。10月14日に、茶道裏千家15代家元・千玄室の長男・千宗之〈後に16代家元・千宗室〉と結婚した）

11月29日（火曜日）

八重洲ブックセンターに。23日当直の折、「イチョウは万葉にも源氏にも出ていないが、実朝はイチョウのわきで殺されたといわれる。最も古くイチョウが出ている文献は何か」とのお尋ねあり。徳川次長や書陵部に調べてもらうようにとのことだった。その調査の一つとしてブックセンターに行ってみたが、室町時代の作庭書の「造庭秘伝書」にイチョウは山にうえるがよいと出ているということがわかった（東書選書）。

昭和59年

1月10日（火曜日）

講書始の儀。10：30〜。御寝室。主要行事の前夜は十分お眠りいただくため、御寝室をお別にし、かつ御格子も約30分程おくらせ10時とすることになり、今日の講書始の儀のために昨夜からそのようにすることになった。又、今日の儀の前に睡け覚ましのための薬をさしあげることになった。その結果は上々で大変好結果となったので、明後日の歌会始の儀のときも同様にしていただく予定。

4月10日（火曜日）

東宮同妃殿下御結婚満25年。午後両殿下ごあいさつに吹上に。殿下は「いつも世話になってありがとう」とおっしゃった。

4月20日（金曜日）

上奏ものの御処理、おねむくて大変（おひるねなし）。特に勲記の御署名危かった。

5月9日（水曜日）

三笠宮家。寛仁親王、宜仁親王、特に最近は弟殿下の方の行状が定まらず、先日のカタール晩餐に出席するとしながら欠席になったり、お上も大変気になさっている。

6月14日（木曜日）

午餐。オランダ大使の令嬢は大学（在日）で生物学を専攻し、ヒドロゾア（注）を研究しているとのことで、お上はおききになって大変喜んでおられた。

（ヒドロゾア＝刺胞動物門ヒドロ虫綱の動物）

7月8日（日曜日）

東久邇十方御参。2時ころ東久邇文子さん（注）からお電話あり、今日はカメラを持たないようにとのお話であるが、切角1年1回くらいの集りであるから両陛下を囲んで記念撮影をしたい。此方のカメラでなくても侍従職のもので写していただいてもよいし、此方で写すならフィルムはそちらにおあずけしてもよいからと。相談致しますが、此方ではカメラの用意がないので念のためそちらで御用意いただきたいと申しあげた。女官候所から女官長に御相談したところ、昨年余りにくだけすぎた両陛下のお写真がとられたので、外部の人に当然みられることになってよくないからカメラを御遠慮願った。特に皇后さまの正常でないお顔つきのこともありまずい、と卜部氏も同様の意見（電話できいた）だったので、文子さんおいでの時に「皇后さまのお写真は、おぐしや御服装など御負担が大きいのでできるだけお断りしている。今日も全く御用意していないので御遠慮願ったら、という女官長、事務主管の意見だから」と申しあげた。それは残念なこととおっしゃっていた。（東久邇文子さん＝昭和天皇の孫。東久邇盛厚氏と昭和天皇の第一皇女・照宮成子内親王の長女）

7月10日（火曜日）

福島県行幸啓のお泊所について。九月末予定の猪苗代湖周辺を中心とする私的御旅行（注）につき、飯坂温泉花水館のお泊所の詳細を女官長、久保女官に御説明し、御意見を伺った。側近の者の居る場所が殆どなく、極めて悲観的な御意見だった。

（猪苗代湖周辺を中心とする私的御旅行＝昭和天皇が皇后と結婚後に旅行した思い出の地を私

的旅行することが決まった。実際に、9月25日から2泊3日で福島県を訪れ、新婚時代に一カ月近く過ごした猪苗代町の「天鏡閣」を再訪した。天鏡閣は有栖川宮威仁親王が明治時代に建てた洋館。大正天皇が皇太子時代に訪れ命名した）

7月28日（土曜日）

那須御用邸へ。皇后さま、今回次第に問題多くなっていると。

8月11日（土曜日）

両陛下、オリンピックが始まってから殆ど終日、お出まし以外はテレビ御覧。皇后さまは相変らず。夜、女官寝不足解消せず。

8月31日（金曜日）

韓国大統領来日（注）のため、皇居前広場への道の警戒が厳重になっている。狂気じみている。

（韓国大統領来日＝全斗煥大統領が韓国大統領として初めて来日）

9月6日（木曜日）

式部官長御説明。韓国大統領歓迎について。おことばについて、お上色々官長におきき。「遺憾」について（注）。

（「遺憾」について＝宮中晩さん会で昭和天皇は「今世紀の一時期において、両国の間に不幸な過去が存したことは誠に遺憾であり、再び繰り返されてはならないと思います」とあいさつした）

9月20日（木曜日）

皇后陛下車椅子。10：20〜10：30。皇后さま、賢所御参拝（非公式）のあと車椅子に試乗なさった。大体工合よさそう。

9月26日（水曜日）

天鏡閣の御感想につき、「間取りなど内部のことはよく覚えていない」では記事にならないから何か伺ってほしいとの希望あり。お上に伺ったところ、那須で思い出を話した以外のことは何もないとのことだったので、此方に来ての御感想をとねばって伺ったが、「小説」なら別だがとのことで、結局卜部氏と相談し総務課長を交えて次のようにきめて、お上の御了承を得た。「皇后と一緒に60年振りに天鏡閣や猪苗代湖にきて、那須で話したような出来事（注）を懐しく思い出し楽しい旅行であった」と。

（那須で話したような出来事＝8月31日、昭和天皇が那須御用邸敷地内にある嚶鳴亭で宮内記者会の記者と懇談した際、新婚時代の旅行の思い出として、モーターボート「浦安号」で湖水を1周したこと、ゴルフやテニスに興じたこと、秩父宮雍仁親王と磐梯山に登ったことなどを挙げていた）

10月1日（月曜日）

オリンピック入賞者等拝謁、お茶。お言葉について「ロサンゼルス大会」とあるのは冬季（サラエボ）大会入賞者もいる（1人）のだから適当でないとお上からいわれ、「このたびのオリンピック」と訂正した。冬季も含まれているとは知らなかった。

10月19日（金曜日）

お上お風邪。朝からおせきあり、お風邪らしいとのことだったが、午後3時からのスイス議長（注）御引見までなさってお床。そのあとの長官拝謁はお取止め。上奏ものは御寝室で御処理。女官は当直侍医の星川侍医長に朝から拝診をお願いしたのに、お顔をみればわかるといって取りあわないので、侍従長から11時ころ侍医長に電話でなるべく早く拝察するようお願いし、昼食事には女官長から食堂にいた侍医長に同様の要請をしたが、朝にお昼寝のあと拝察する旨きめたからそのようにするといって、お昼寝前の拝診を拒んでいた。

（スイス議長＝アンドレ・ゴーティエ氏。衆院議長の招待で来日した）

10月30日（火曜日）

園遊会、2：00〜3：40。お風邪はおせきがまだ残っているが、お熱はないので予定どおりお出まし。念のため、お供の侍医が会場でもずっとお供をしてゆくことにされた。

11月29日（木曜日）

「衣蓋」の字について何と読むかとのお尋ね。高松塚古墳（注）についての調査記録等を書いた末永〔雅雄〕博士の著書中に出てくる。普通の漢和辞典にはない。諸橋〔轍次〕博士の大辞典にあった。「カイ」とよむ、上衣のこと（注）。

（高松塚古墳＝昭和47年に「飛鳥美人」と呼ばれる西壁女子群像などの人物群像や、四神などの極彩色壁画が国内で初めて見つかり、全国的に注目された）

（「カイ」とよむ、上衣のこと＝衣蓋は、「きぬがさ」と読み、高貴な人が外出する際、お供が差し掛ける傘のこと。日よけとしての用途の他、権威の象徴としての意味合いも強いとされる）

12月6日（木曜日）

憲仁親王の御結婚式が賢所で行われた。我々には直接関係なく、侍従次長参列。憲仁親王同妃殿下朝見の儀3：00〜3：15。皇后さまへはなさらず。

12月13日（木曜日）

賀状の御署名。10枚／73枚。皇后さまはそのうち6枚。枠を設けて願ったがうまくゆかず。普通のように。

昭和60年

日付なし（日記冒頭の記述）

皇后陛下の御容態。暮れの28日夜おころびになったためか、お車の乗り降り、特にお降りの際に仲々お立ちにならない。お立ちの御意志がないのでお手を引いてもびくともなさらないし、却っておきらいになる。1日の御車寄でのお降りの際はどうにもならず、女官長に女官3人に卜部氏もお手伝いして漸くお降りになったが、その間10分余り。お上は右側ドアから先にお降り願ったが、御車寄をお入りになったところでお止りで、皇后さまの御様子を御覧になってしまった。お入りになるようおすゝめしたがお動きにならず、女官長が申しあげてやっとお入りいただいた。2日午後2時ころ、伊東侍医が石橋の間近くで拝診したが特に異常はなかったらしいが、同侍医の考えでは、おころびの恐怖心がおありのため動くことがこわいのではないかと。

1月1日（火曜日）

午後の外交団祝賀は皇后さま今年からお出にならず、お上のみ。前半15分、後半15分くらいで、途中10分梅の間でお休み。なお、皇族方との御昼食会食は今年からおとり止めで、夫々御所、殿邸にお帰りになった。

1月2日（水曜日）

一般参賀10時10分から。今年からお立台にお立の位置を示す手すりを設け、マイクも新式にし、お手ふり、お言葉の仕方も改めた。

1月8日（火曜日）

講書始の儀。講師のお話は3人、各15分ずつ。大体、予定どおりで終った。お上、仲々御立派。薬の効。

1月29日（火曜日）

お上の右手しびれ。昨日卜部氏が賀状をご覧願っている時、右手先がしびれることをおききした。前からという。時々あるらしい。

1月30日（水曜日）

女官長、お上からしびれについて伺い、大橋侍医（注）に伝えた。女官長が、左くびすじと右腕に電気が走るというような感がする、また右指先がしびれると伺い、大橋侍医に12時すぎ吹上侍医室に来てもらってその旨伝えた。小生も同席した。明後日、大橋侍医当直だから更に御様子を伺いましょうということだった。

（大橋侍医＝大橋敏之侍医）

2月3日（日曜日）

お上の右手のしびれは大したことなく、内科的なものとは関係ないだろうと大橋侍医。

2月26日（火曜日）

昭和12年（注）の2・26事件の日のため、午前中宮殿へのお出ましなし。午後は進講あり。

（昭和12年＝昭和11年の誤記）

3月29日（金曜日）

一昨日「天皇の昭和史」（注）について内容お尋ねあり。今日図書館で借用。天皇制批判の書。

（「天皇の昭和史」＝一橋大教授で歴史学者の藤原彰氏や、同大教授の吉田裕氏らの著作）

4月9日（火曜日）

午前中、高円宮付宮務官（石井〔昭一〕）の拝謁と勤労奉仕御会釈のほか行事なし。宮殿からのお帰りに、両陛下御一緒にお車で乾通りを乾門までおいでになり、お引返し。途中車中から桜を御覧。丁度満開で見事。

5月10日（金曜日）

「皇太子即位の日」千家紀彦（注）著、大陸書房（角田〔素文〕参事官〔元侍従〕から借用）。お尋ねが先日あったので読む。道教思想が古代記紀の内容まで支配していること、陰陽のこと、大嘗祭の内容次第につき詳説。大嘗祭は天皇が神となる儀式だから、戦後神格を否定した天皇が再び神となることはすべきでない、ということが結論。

（千家紀彦＝青柳淳郎の名で皇室に精通するジャーナリストとして活動した後、本名で作家活動を続ける。父親は出雲大社教管長を務めた千家尊宣氏で、弟の千家崇彦氏は学習院で皇太子の学友だった。皇太子が学習院高等科3年生の時に、崇彦氏、後に共同通信の記者となる橋本明氏と共に密かに銀座に繰り出した「銀ブラ事件」が起きた。平成6年死去）

6月17日（月曜日）

皇后さま東御苑花ショウブ御覧。おしのび。

6月27日（木曜日）

国立防災科学〔技術〕センター、筑波実験植物園においで。植物園ではカワラナデシコについて強い疑問をおもちで、ハマナデシコではないかと。記者会見のあと黒川〔逍〕園長にお上のお考えをそっと伝えたところ、言下に否定した。

7月6日（土曜日）

夜、ホタルをとの御希望があったが、宮殿南庭の流れに3匹（側衛報告）しかいないというのでお出ましなし。

7月13日（土曜日）

お相伴。天皇陛下御長寿記録達成につき、側近一同からうなぎ弁当献上。陛下はお食事の始めに「これまで長生きできたのは西野のおかげだよ」とお隣り席の西野先生（注）におっしゃった。戦後の御巡幸・御訪欧米等の際の側近の失敗談など、おくつろぎでお話しになった。よく細かいところまで覚えていらっしゃるのに驚いた。

（西野先生＝西野重孝元侍医長。このときは参与だった）

8月9日（金曜日）

長崎原爆の日につきお出ましなし。

8月15日（木曜日）

首相の靖国神社公式参拝。神社本殿に昇殿するが、一礼するだけで玉串奉呈や二拍二拝一拍（注）はしない。玉串料は出さず供花料を出すという方式で、公式参拝を実施することとなった。従来の参拝が違憲の疑いは否定できないとする法制局見解を変更するものだが、説得力に欠ける。実をすて名をとったと思われるが、先の8月9日の私的懇談会の報告の主旨を口実に決めたと思われる。それにしても性急に決め、今後に紛争の種を残したと思われる。中国は早速非難しているし、国際的にも問題を提供したのではないか。お上の靖国神社御参拝も10年毎ならば今年秋に行われることになろうが、私的御参拝ということになっているところ、首相がほぼ同様の拝礼の仕方で公式参拝と堂々と称したことがお上の御参拝にも影響し、「私的」で押し通せるのかどうか。

（二拍二拝一拍＝神道形式の二拝二拍手一拝の誤りとみられる）

8月21日（水曜日）

夜、ヴィデオ。東條内閣極秘記録「密室の太平洋戦争」、8月10日（土）、NHK放送。お上のみ御覧。7：10～7：25陪覧、侍従長、田中、小林。

8月24日（土曜日）

ヴィデオ御覧。「そして戦争が終った」（注）、TBSが今月26日に放送予定のテレビ映画。TBSから献上されたもの。

（「そして戦争が終った」＝終戦時の首相・鈴木貫太郎の一家を描いたテレビドラマ。原作は半藤一利氏の『聖断——天皇と鈴木貫太郎』）

9月24日（火曜日）

侍従長の退職。10月1日付。公務員として特別に高齢であって、外部との違いが大きすぎるということからしいが、よくわからない。高齢というなら徳川次長も1年5か月しか若くない。入江氏が80歳を機として自発的に退くというのか、外部からの強い勧告があったのか。陛下のお考えはどうなのか。徳川次長の侍従長も長く続かないとみるべきか。

9月29日（日曜日）

侍従長急逝。今日午後1時31分、慶応病院で虚血性心不全。このところ不調を訴えていらっしゃって、24日（火）に宮殿侍従候所から前夜当直だった大橋侍医に電話で「今朝洗顔の時、胸がつかえるようなこれまで経験したことがないものだった」と伝えていた。その日午前中はサウジアラビアのファイサル殿下の御会見が11時からあったので、12時近く病院で心電図をとり、大橋先生が診察した。先生の報告によると、心電図には特別異常は認められなかったが、ニトログリセリンをさしあげたとのことだった。午後は3時から中国大使の信任状捧呈式があったがそれもお務めになった。午前の御引見のときは侍従長の間外で侍従とともに控えていたが、その間皇族用化粧室で、椅子に坐っていた。その間約20分位だったが、からだを始終動かしており落つかなかった。大儀だったのではないか。後半は電灯を消しておられたので、奇妙に感じたのを覚えている。

翌25日は出勤なさったが大変眠そうで、昨夜も早くからお休みで長時間お眠りだったとか。

26日は午前中、宮内記者会見があって退任の弁を述べたあと、昼の木曜会を失礼して帰宅するから午後のお稲刈も失礼すると、お断りに11時半ころ侍従室においでになった。

27日は通常のように出勤なさって、午後の御訪欧・米随員のお茶にもお出になった。昼食時は御持参の巨峰ぶどうを召上がるなど余りふだんと違わなかったが、少しお元気がなかった。これがお会いした最後。28日は土曜日なのでお休みになった。

9月30日（月曜日）

柩前使・賜物使。田中侍従、今日午後4時。

お通夜。役所で用意のお弁当を5時ごろから食べ、6時西口発で入江邸へ（鈴木氏〈注〉の当直以外全員、徳川次長も）。霊前で焼香をすませ、玄関先で侍従は立って焼香客に会釈を続けた。客は2列ぐらいで進み、家を通り抜けて裏口から又玄関わきに出て来る経路（くつのまま）。7時〜8時という通知にもかかわらず、6時半〜7時ごろがピーク。三笠宮崇仁親王、同妃、近衛甯子、千容子さん、鷹司、池田、島津のお子さん方らおいで。三木元総理、中曽根総理、春日野理事長（注）はじめ幹部役員、凸版（印刷）鈴木（和夫）社長なども。生花多彩。8時20分ごろ辞去。

（鈴木氏＝鈴木武侍従、昭和59年に侍従就任）

（春日野理事長＝元横綱栃錦で日本相撲協会の春日野清隆理事長）

10月1日（火曜日）

新侍従長認証式。11時から中曽根総理の内奏、認証式。新侍従長、安楽新侍従次長拝謁。

入江氏密葬。

10月28日（月曜日）

入江前侍従長本葬儀、告別式。信濃町千日谷会堂。1時〜2時葬儀、2時〜3時告別式。

11月29日（金曜日）

今暁、過激派ゲリラの同時多発の国鉄ケーブル切断と浅草橋駅襲撃焼打のため、首都圏はじめ国鉄完全にストップ。終日夕方まで大混乱。新幹線を除く国鉄まひ。池袋駅の乗換に1時間を要するというテレビ放送のため、10時半すぎ家を出た。既に規制解除になっていた。

12月9日（月曜日）

島津久永様（注）御夫妻銀婚式祝宴御晩餐、6：00〜8：00。吹上大食堂（東宮殿下御主催）。鷹司様はじめ全御兄弟お揃い。皇后さまのお世話は東宮妃、常陸宮妃両殿下がお世話なさったが、仲々皇后さまがお着席やお立上りなさらず。特にお帰りの際は、お眼鏡をそのままかお置きになるかを東宮妃殿下が皇后さまにおききになったが要領をえなかったので、小生がそのままでと申しあげてお帰りいただいた。お世話するのは矢張り馴れた女官でないと時間がかかってしまう。

（島津久永様＝昭和35年に昭和天皇の第五皇女である清宮貴子内親王と結婚）

12月16日（月曜日）

賢所御神楽。0時27分御神楽終了の旨、職当直から報告。須崎には職当直から連絡。0時30分～0時38分、各宮家から御神楽終了のお祝いと両陛下天機御気嫌奉伺の電話続々入る。奥からの電話はいずれも宮廷ことばを交えて御丁寧ないいまわしで閉口する。大略上記のような口上で、実際にはもっと長々と早口。なめらかに、また語尾いささかあいまいに巧みに述べられる。口上要旨。「こんにちは、賢所御神楽おスルスルと終らせられ、おめでとうさんにござります。お寒さめっきりつのりまして、両陛下には、いよいよお健やかにいらせられますこととお伺い申しあげます。夜もふけて参りましたが両陛下にはよしなに申しあげていただきますよう。ごきげんよう」と。

第4章　昭和61年〜63年　戦争責任への言及

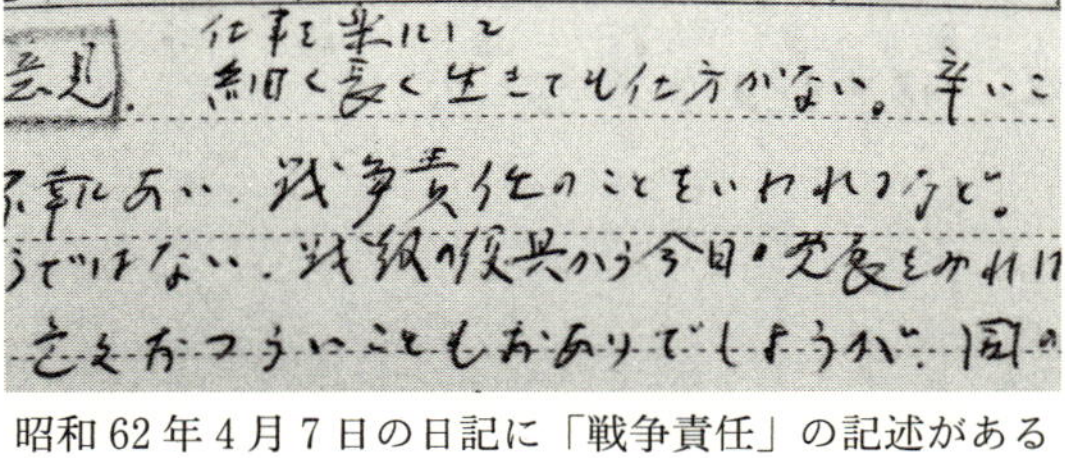
仕事を楽にして
細く長く生きても仕方がない。辛いこ
不幸にあい、戦争責任のことをいわれるなど。
うではない。戦後の復興から今日の発展をみれば

昭和62年4月7日の日記に「戦争責任」の記述がある

昭和天皇は昭和61（1986）年、在位60年を迎えた。在位60年の祝賀行事（11月10日）もあったが、天皇の戦争責任を問う声も広がり、過激派のゲリラ事件が頻発した。東京都内は緊迫した雰囲気に包まれ、小林日記にも、皇居内外でのゲリラ事件がたびたび記述されている。

5月8日には、英国のチャールズ皇太子とダイアナ妃が来日した。全国でダイアナ・フィーバーが起こり、オープンカーでのパレードには、都内の沿道に約9万人が押し寄せた。昭和天皇はこの年、85歳になった。この頃の男性の平均寿命（75歳）からみても、かなりの高齢だ。加齢による体調不良や体力減退が一層進み、日常生活に支障を来すほどになっていた。視力も落ち、昭和天皇本人も、（生物学を研究する際に）「顕微鏡もよく見えない」（12月10日の日記）と周囲に打ち明けている。側近にとって、公務の負担軽減が喫緊の課題となってきた。

この時期、昭和天皇はどんな心境だったのだろうか。昭和62年4月7日の日記には「お行事軽減について御意見。仕事を楽にして細く長く生きても仕方がない。辛いことをみたりきいたりすることが多くなるばかり。兄弟など近親者の不幸にあい、戦争責任のことをいわれる」「昨夕のこと」とある。この前日、住まいの皇居・吹上御所で昭和天皇が、当直勤務だった小林侍従に心中を直接打ち明けた場面だ。弱音を漏らす昭和天皇に小林氏はこう言って励ます。

「個人的には色々おつらいこともおありでしょうが、国のため国民のためにお立場上、今の状態を少しでも長くお続けいただきたい旨申しあげた」

この年の1月には、戦時中の側近、木戸幸一内大臣に関する極秘資料が出版された。木戸日記には、昭和天皇がサンフランシスコ講和条約調印時、戦争責任を感じて、退位を考えていたと書かれていた。2月には弟の高松宮を肺がんで失っている。敗戦から40年以上たっても、戦争責任について悩み続けるかつての「帝王」の姿が垣間見える迫真のシーンだ。

小林侍従の上司だった卜部亮吾氏の4月7日の日記には「小林侍従から週間御日程についていろいろお考えをおもらしになった由　また長生きするとろくなことはないとか　小林侍従がおとりなししたと」と書かれており、小林氏の記述と一致する。

小林氏の同僚侍従だった中村賢二郎氏の著書『続　吹上の季節』にも、4月7日に小林氏から聞いた話として、昭和天皇が「長生きするのではなかった。長生きしたために高松宮、秩父宮との、また照宮との死別になった。終戦の時のことについては英断とも言われているようだが、開戦の時のことについては今も戦争責任を言われる」と記されている。照宮は昭和天皇の長女で昭和36年に亡くなった東久邇成子だ。

昭和天皇はこの年の4月29日、天皇誕生日の祝宴で嘔吐し、途中退席した。これを境に、日記には、体調悪化に関する記載が目立つようになる。9月3日には「昨夜も亦（夜中に）お吐きになったという。間隔がいよいよつまってきた感じ」、18日も「大相撲九月場所行幸お取止め」とあり、宮中の緊張感が伝わってくる。病名は「慢性すい炎」と発表された。国体開会式への出席のため、秋に予定していた沖縄訪問は、幻に終わった。「思はざる病となりぬ沖縄をたづねて果さむつとめありしを」。昭和天皇は当時の無念をこう歌に詠んだ。

昭和63年にも沖縄行きが側近の中で再び検討された。5月12日の記述にはこうある。体調がやや回復した昭和天皇の6月から夏までの予定について側近幹部の話し合いがあり、「沖縄についてはソウル五輪のあとでないと警察はとてもと。昨年より1年おくれということとも合致するからよいのではと」。しかし、体調は悪化の一途をたどる。9月19日には、御所の寝室で吐血し、一時重体に陥った。宮中や政府の慌ただしさが増し、周囲がじわじわと重たい雰囲気に包まれていく様子が伝わってくる。

その後も日記は、国事行為の臨時代行を巡り内閣法制局が「御意思を明確にしておく必要があるとの法制局の意向」（9月22日）、「言語不明瞭というより言葉になっていない」（11月14日）、「テレビも見てよければ見たいとの御希望というのでつけたが殆どお眠り（テレビはこれが最後）」（11月15日）、「傾眠状態が続き、意識が明確でなくなってくると、（中略）摂政をたてざるをえなくなるのではないか」（12月1日）と続く。回復は望めず、昭和が終焉に向かう様子が生々しくつづられている。

（「小林忍日記」取材班・山口恵）

昭和61年

1月2日（木曜日）

一般参賀。皇后さまはお手振りをなさらないことにしたので、皇族方もなさらずお上のみお手振り。ただ6、7回目に皇后さま突然お手振をなさってお供は驚かされたという。

1月13日（月曜日）

お上お床。今朝方から発熱。朝5時半に37・4度、お脈110。その後次第に快方に向かわれて夜36・2度、74までになり、のどが少し赤い程度でせきも鼻汁も出ない。割合お元気だが、昼に少し食物をお戻しになったりでお食欲はない御様子。お上はお正月以来のお疲れが諸事一段落のあとに出たこともあり、昨日の御散策（寒かった）やら一月場所大相撲行幸など重なったことが原因か。寒い一月場所などおいでになるのはどうかと思う。

3月6日（木曜日）

皇后陛下お誕生日。皇后さまお誕生日祝賀は今年から大幅に軽減。

3月13日（木曜日）

お上が丸山手前の船頭小屋（注）の高い所のイヌノフグリを御覧になるべく上ったが、わずか数十センチの坂を四つんばいでなさった。ところが、立ちあがれず、四つんばいで苦心なさる。一寸お手をとって引きあげてあげればすむものを、樋口氏（注）馴れないので見守るだけ。小生は路上で女官長さんと話していたので、離れたところからみているだけで手を出さず。そのあとお下りになるとき、四つんばいで後ろむきに足からお下りになり始めたので、小生出てゆき伊東侍医と両わきからお手をとってお立ち願って、支えて前向きに坂をお下り願った。夜、女官候所で女官長と久保女官がそのときの状況を再現して大笑いとともに、侍従がもっとお手助けしなくてはと。

（丸山手前の船頭小屋＝静岡県下田市の須崎御用邸内の小屋とみられる）

（樋口氏＝樋口英昭侍従、昭和60年に侍従就任）

3月25日（火曜日）

半蔵門外から門内へ。遠投爆弾（火災弾）路上に落ちて少し燃えただけという。詳細は不明。昼すぎ、アメリカ大使館にも同様のロケット弾というより、ロケット火炎筒といったもの。記者から盛んに電話あり、吹上のト部氏にまわす。

4月1日（火曜日）

金属弾、赤坂御用地に発射、4弾。昨夜7時10分ころ、酒の配達を装った軽トラックから発射。迎賓館をねらったものらしいが、2発は発見されたが他は不明。犯人らしい者1名逮捕されたという。厳戒態勢の中でのことで警察はショックという。

4月15日（火曜日）

戦争末期、終戦直後の東宮さんあて両陛下のお手紙（注）。朝日、毎日、東京を除く各新聞に、特に読売はトップに内容要旨を掲げた。村井長正氏（注）（東宮傅育官（侍従を一時））が傅育官当時写しておいたものを陛下の御立派なことを私するに忍びずと、サンケイの橋本国際部次長（注）（東宮さん御学友）を通じて発表したものという。山本次長は私信を公にするとはけしからんといい、侍従長はとにかく陛下にお許しをえてからすべきなのに、昨日昼ごろ村井氏から電話あったが、既に記者に発表してからではおそいとあきれていた。我々にしても側近としてあるまじきことと、憤慨に耐えないところ。

(両陛下のお手紙＝昭和20年3月から9月にかけて、昭和天皇、香淳皇后から皇太子に宛てて出された一連の手紙。昭和天皇は9月9日付の手紙で、敗戦について「我が軍人は　精神に重きをおきすぎて　科学を忘れたことである」「戦争をつづければ　三種神器を守ることも出来ず　国民をも殺さなければならなくなつたので　涙をのんで　国民の種をのこすべくつとめたのである」と記している。皇后は8月30日付の手紙で「残念なことでしたが　これで　日本は　永遠に救はれたのです」「なほ一層　一生懸命に勉強をし　体を丈夫にして　わざわひを福にかへて　りつぱな〳〵国家をつくりあげなければなりません」と書いている。村井長正氏が戦中から戦後、写し取って保管していた)

(村井長正氏＝現在の天皇陛下が皇太子時代に東宮傅育官になり、東宮侍従も務めたことがある。平成9年死去)

(サンケイの橋本国際部次長＝現在の天皇陛下の学友で共同通信の橋本明記者の誤り)

4月29日（火曜日）

一般参賀。皇后さま今回から各部屋の御移動には車椅子を御使用。担当役のときには少しお手伝いする。

記念式典。この参列は元々部局長以上のうち特定の者だったところ、女官長など不参の方がいたので、その穴うめに侍従2人駆出されたので気が進まなかったもの。

5月11日（日曜日）

仁徳天皇陵御参拝、ついで全国植樹祭会場へ（大仙公園—堺市）。万歳三唱のとき長官、侍従長も唱和していた。我々は勿論する。会場お発の際、幼児2人から花束をお受けになった。予定外という。

午後は2：10お発で府立母子健康総合医療センター（注）へ。幼児一人一人にお握手。「元気ですか」などおことば。異例のことで母親はじめ大喜びの様子。ホテルお帰り4：50。今日から5月場所大相撲ですぐテレビ御覧。御感想は適当にとのことで、田中氏不満。苦心して作っていた。

（府立母子健康総合医療センター＝正しくは大阪府立母子保健総合医療センター。現在の大阪府立病院機構大阪母子医療センター）

5月13日（火曜日）

晩餐。英国チャールズ皇太子、ダイアナ妃（注）歓迎晩餐。公賓で豊明殿晩餐は極めて異例（注）とのこと。約60名という。

（チャールズ皇太子、ダイアナ妃＝2人は公賓として5月8〜13日、日本を訪れた。滞在中、皇族らのもてなしで大相撲を観戦したり歌舞伎を鑑賞したりした。全国でダイアナフィーバーがわき起こった）

（豊明殿晩餐は極めて異例＝通常は国賓を招いて行われる皇居・宮殿での宮中晩餐会の会場のため、国賓より接遇待遇ランクが低い公賓では異例という趣旨）

5月22日（木曜日）

今日が国会の最終日で定数是正法案が成立することになっているが、明日中に公布しないと衆参同日選挙が不可能になる計算だという。そこで、今晩遅くても御署名になるのか、明朝にでもなさるのか、新聞記者の注目するところであり、午前中から侍従室に何人か詰めかけ、今晩当直の中村氏（注）も困惑気味。内閣との打合せで、明朝八時に先方に渡せばよいことになっているので明朝御署名願うよう申上げてあるというが、記者にはいうわけにはいかないので、皆で適当にぼやかしている。

（中村氏＝中村賢二郎侍従、昭和61年に侍従就任）

7月7日（月曜日）

選挙結果自民党圧勝、社会党大敗。他野党はまずまず。衆議院で自民党３００議席獲得。史上空前のことという。ニューリーダーといわれる人がこれにどう対応するか。

7月14日（月曜日）

アルゼンチン大統領来日につき、夜の晩餐はタキシード。晩餐お言葉御練習の訂正。昨夜御練習に当直の中村氏が奉仕したが、誤読などあると訂正を申しあげているのだが、かなり細かいところまで訂正を申しあげたらしく、「両国」を「リョウゴク」でなく「リョウコク」ときびしく申しあげたので御機嫌よくなく、どちらが正しいか文化庁にきいて調べる旨申しあげたらしい。前者も決して誤りでなく、むしろこれが広く読まれているのではないか。

8月15日（金曜日）

全国戦没者追悼式行幸。お上モーニングコートの上衣ボタンが掛けられていないのが気になる。きつくなってお言葉書の出し入れがしにくくなるからと拒否されたという。最近おふとりになって少しきゅうくつになっているという。

9月7日（日曜日）

藤尾〔正行〕文部大臣放言問題。「文芸春秋」10月号（10日発売予定）に日韓併合、南京問題、靖国神社参拝問題等につき文相の大放言が掲載されることで各紙一斉に報道。韓国等これを重大視。外交問題に発展。

9月8日（月曜日）

文相更迭に伴う任命式につき、夜9時半すぎになって卜部氏から2回電話あり。

9月9日（火曜日）

総理及び塩川新大臣（注）はヘリコプターで参邸。10：00〜10：48。迎賓館—黒磯駅近く河川敷の黒磯公園。あと車で11時10分近く参邸。総理を謁見室に案内して内奏の場所を御説明。ほどなく内奏。約25分で終る。12時少し前から任命式始まる。終って休所で昼食、紅茶、ケーキ。12時45分退邸。

（塩川新大臣＝塩川正十郎文相。昭和天皇が那須滞在中だったため、那須御用邸で任命式が行われた）

9月22日（月曜日）

御健康状態につき侍医長申しあぐ。昨夜当直の侍医長は、那須以来の御健康状態について侍医団の見解を申しあげるとともに、お行事の御軽減をお考え願い、具体策は侍従から御相談申しあげる旨申しあげたという。侍従長はじめ侍従から侍医長に、医師の立場から申しあげてほしい旨進言したもの。

10月17日（金曜日）

皇后さま御容態記者会見。侍医長、卜部主管。午後4時。お腰、お膝がお痛みになるという説明を行った。ところが、この記者会見の予告が2時ころ通告されるや、あらぬデマ

（注）―天皇の御容態とか―が報道されるとか、北京から問合せがあるとか、大変混乱したらしい。さわぎすぎる。主管も驚き、もう今後は書いたものをくばるようにし、集めて説明することはしないといっていた。

（あらぬデマ＝記者会見の予告から発表までの間、皇后ではなく昭和天皇の容体が悪化しているとの臆測が飛び交ったとみられる）

11月10日（月曜日）

御在位60年祝賀提灯行列。今日夜7時30分ころ、皇居前広場に数千の人が参々伍々提灯をもって集まるので、陛下が御覧になってほしいとの要望があった。陛下も二重橋から車外で提灯をお振りになってお応えになる案もつい最近まであったが、それでは余りに計画的にとられるからお手振りだけにすることに決まった。陛下がどんな御感想であったか記者から質問があったときどうするか、担当の審議官も安楽次長、小生は御感想など伺う必要はない、との意見だったが、長官、山本次長、総務課長は簡単でよいから何かほしいとの意見で、結局長官から侍従長にそのように話して、結局当直の中村侍従が御感想を伺うことになった。お車が到着少し前に、鉄橋らんかんの電灯と伏見櫓に点灯。急に橋上が明るくなる。橋上中央広場側歩道にお移りになり、らんかん間際で広場の万歳々々の声に2〜3分お応えのお手振り。万歳が終ると君が代の合唱始まり、その間2回の合唱が終るまでずっと広場の方を御覧。

12月10日（水曜日）

お上の視力。昨夜当直の田中氏によれば、今日昼ころ各国元首等に宛てる年末年始のカード御署名の際、字が二重に見えて焦点が定まらないような状態であった。何とか10枚お書き願ったが、お帰りのお車の中で、実は生研の顕微鏡もよく見えないとおっしゃったという。田中氏は伊東侍医に伝え、別のお眼鏡を持って来てもらったが、変りなかった。伊東侍医は星川侍医長に報告したところ、明日自分が当直で出るまでほっておけばよいとのことだったという。何たることだ。すぐ来て（水曜には病院に来ている筈）診るなり、眼科の先生に連絡するなりすべきではないか。御生研の清水〔達哉〕専門官に先週以前の御様子をきいたところ、矢張り最近、顕微鏡が良くおみえにならないという。

12月18日（木曜日）

週刊新潮（12月25日号）、新潮45（1月号）によれば、天皇が終戦直後、戦争の責任を痛感なさって御退位をお考えになったものの司令部の容れるところとならなかったことはよく知られているところ。しかし、それまでに時の田島宮内府長官に命じ、戦争責任を内外に明らかにする詔書を起草せしめられたこと、その草案のことは田島長官の御遺族が保管することなど、村井元侍従が語り、共同通信の橋本明記者により「45」に掲載された。先に陛下の継宮へのお手紙公表で物議をかもした村井氏の再度の暴露記事で、宮内庁も困惑。

昭和62年

1月1日（木曜日）

晴、風強し。朝5時45分ころ起床。モーニングを着る。丁度6時に前田〔利信〕掌典次長が歳旦祭御代拝終了の復命に参内。之を受け、後刻陛下に申しあげる旨伝えた。陛下には四方拝終了後申しあげた。

陛下は7時御目覚。7時すぎ潔斎。7時35分ころお手水（候所前応接室）をすませ、お居間に伺う。女官長間外においでで新年のあいさつをする。

四方拝の儀。7時40分ころお上に申しあげ、お靴のあと女官長がお上に「もじお」をふりかけて（形だけ）後お手水。小生これに奉仕。御先導してお居間を横切り、廊下の四方拝の屏風の所にゆく。内舎人（永長〔正太〕君）がおまちしている。御拝終ってお靴をおぬぎになって儀終了。5分くらい。お上はモーニングコート。

晴の御膳（注）。小生燕尾服に着替えて宮殿にお伴。（皇后さまは暫くあとに別のお車。）お上は宮殿でお召替。皇后さまを宮殿御車寄にお出迎え。割合順調にお降りになる。9時20分から晴の御膳。先—小生、酌—中村氏、芳菊の間（注）。小生御先導して間内に入り玉座の右後ろ（扉の左隅）に立つ。酌はお上の右側からお酌。従ってお上が御退室になるとき酌の侍従が邪魔になるので、酌は少し間内中央寄りにさける恰好になる。全体の配置が鳳凰の間なら良いが、芳菊〔の間〕では逆になるので止むをえないか。

祝賀。両陛下がお受けになる。皇后さま、まずまず。皇族と元皇族等とは前者のみ両陛下に単独で、一旦両陛下お下がりになり、後者は列立で陛下のみ。これは今年初めて。信子妃殿下は昨日おばあさん（父上の母上）なくなったので寛仁親王と御不参。以下の祝賀はすべてお上のみ。

昼食後（いつものとおり、刺身　吸物、おせち料理のほか●●弁当。それに晴の御膳のおすべり。尤も量が少ない。）当直を除いて退庁。1時半すぎ。

（晴の御膳＝元旦に天皇が食べる朝食の意味。新年を迎えたお祝いと自然の恵みに感謝を示す宮中儀式として定着し、天皇が箸を立てる所作をするだけで実際に食べることはない。「おすべり」として職員に下がってくる）

（芳菊の間＝宮殿表御座所内の一室）

1月31日（土曜日）

御容態。午後当直の樋口氏から電話あり。お上が今朝から御気分悪く、めまい、はきけをお訴え。お熱はないが血圧が80〜160程度で高い。それで今晩侍従が二階の休寝室に寝るについて二階御寝室との間にブザーがないが、昨年夏使用したときはどうだったか、女官長はブザーがなくても侍従か誰かとまるべきだとのこと。結局ブザーは昨夏臨時につけたのを取りはずしたまゝになっていることを伝えた。

2月2日（月曜日）

今回のことが何故起ったか不明だが、高松宮さんのこと（注）を御心痛のためと考えるしかないという意見が多い。今回限りで終れば心配ないが、くり返すようだと警戒を要すと。

（高松宮さんのこと＝高松宮は昭和61年夏ごろから胸部疾患の検査や治療のため、入退院を繰り返していた。同年11月には昭和天皇が見舞いのため、高松宮邸を13年ぶりに訪問した）

2月3日（火曜日）

高松宮殿下薨去。〔午〕後1：10、日赤医療センター。午前中お見舞に行幸があったばかりであるが、予想外に急に薨去。肺ガンのためと発表された。秩父宮殿下が昭和28年1月4日に薨去の時（午前4時30分）は、鵠沼御別邸（注）に当日午前8：35～12：11行幸啓になったが、今日は午前中にお別れしたばかりでもあり、宮邸には行幸にならない。明日行幸啓の予定という。

（鵠沼御別邸＝秩父宮が晩年を過ごした御殿場の別邸。現在は秩父宮記念公園になっている）

2月4日（水曜日）

御服喪の期間。両陛下お始め東宮御一家各殿下は30日（第1期10日、第2期20日）の喪（3月4日まで）。他の皇族方についても同様で高円宮家の承子女王に至るまで一律30日（期も同じ）。高松宮妃殿下は90日（第1期20、2期30、3期40日）。すべての皇族を一律にしていることは不可解。陛下も疑問をお持ちでやはり、親●に応じて異なるべきもの。

行幸啓。高松宮邸へ。〔午〕後2・58～3・38。殿下の御舟入（注）の日（〔午〕後5：00から）につき、皇后さま初めて。ダークスーツ。長官、主務官、侍従長、侍従次長、侍従（田中氏）、女官長、女官（久保さん）と本式のお供。これが適当か否か。秩父宮さんのときの例によるというが、あのときは鵠沼への行幸啓だった。もっとひっそりとはいかぬものか。

（御舟入＝遺体をひつぎに納める「納棺」に当たる皇室の儀式）

2月5日（木曜日）

高松宮殿下の薨去で何となくあわただしい。新聞記者の出入りも多い。3日夕刊各紙の取扱いも仲々微妙な問題があったらしい。朝日だけ「ご死去」、他紙は「ご逝去」であったが、朝日は翌朝刊から「ご逝去」報道している。「ご死去」は秩父宮殿下薨去の時に使ったのでそのまゝ使ったという。又ＮＨＫはＦＭの音楽番組を組みかえたので、抗議の電話が殺到しているとか。日本テレビで4日殿下関係特別番組を長時間流したので、ＴＢＳは10日御葬儀の日に同様にするとかエスカレートしてきているらしい。国葬ではあるまいし、弔意の表明ないし報道も適度にしないと却って国民の反ぱつを買うことになり、皇室制度にとってマイナスになるのではないか。

2月10日（火曜日）

斂葬《れんそう》当日柩前祭の儀。勅使、小林。皇后宮使、樋口侍従。7時40分西口発。宮邸。西口で出発前手水を使う。宮邸近くで5分ほど時間調整。車寄では皇后宮使の車は、勅使の車が去ったあとに正着する。

次第の混乱と失敗。昨日の打合せの説明では車寄からの先導は勅使、皇后宮使別人になっていたが、同一人が行った。

正寝の間の東宮殿下お始めのお席など雑然として全く図面どおりでなく、司祭のみ目立ち喪主の妃殿下は隅の方でよくわからない。最初の拝礼の位置も全く予定とは異なる所にせざるをえない。帰りぎわの喪主方向への一礼は左側にすべきを間違えて右方向にしてしまった。祭壇に向って右ときいていたのだが、祭壇からみて右と勘違いした。それも、最初入室したときの皇族さんのお席が予定外だったので驚いたため。

帰路は吹上御所御車寄に車をつけ仕人先導、皇族口から入り、スリッパにはきかえ牧野内舎人がお居間手前まで先導。お居間では陛下は丁度（8時35分ころ）御葬儀会場のテレビ中継を御覧（久保女官おすすめ）になっておられたところ、勅使の復命を申しあげた。

皇后宮使は女官長に復命。皇后宮使の次第は混乱がひどかったという。勅使が正寝の間から出ないのに先導され途中待たされ、間内ではお榊を入れる台が祭壇前に置いてなく、拝礼が一時中断されたなど、ひどいもの。昨夜もひどい扱いだったという。

2月24日（火曜日）

全くお行事なく、お上も26日の2・26事件に当る日であるが1週に2回も何もない日があることは珍らしい、何か特別のわけでもあるのかのお尋ね。国会との関係、喪中であることなどから偶然そうなっただけと申しあげた。

3月3日（火曜日）

皇后陛下お写真。お誕生日に当っていつも発表される皇后陛下お写真が今年は高松宮殿下のこともあり、撮影の機会もなく記者会に出せないので、ここ数日総務課を中心に記者会とごたごたが続いていた。文書でその理由の開陳を求められ、その返事が出された。高松宮さんのこともあり、御心身の御負担を考慮してお写真をいただけなかったからという趣旨。しかし、これでは来年も同じような問題が起きるは必至。もっと皇后さまの人権、プライバシー擁護の趣旨を明確に出しておいたほうが今後の紛糾の根源を断つことになろう。

3月30日（月曜日）

御負担軽減案。昨秋来侍従職をもとに関係部局（式部、総務課）の意見を調整し、最終的に長官の所で会議あり。調整どおりきまったという。ただ、具体的には夫々の団体等と協議するようにとのこと。お上には侍従長から大本、考え方を、具体案は卜部氏から申しあげることにするという。

4月6日（月曜日）

午後、御研究所。夜、土曜日の御研究を午前中だけにすることについて御意見あり。皇居の植物のスライド写真をみると（月1回程度だが）午前中は1時間くらいしか時間がないので、須崎の採集物など研究するひまが少なくなってしまうので、午後も切ることは賛成しかねる。尤も職員の勤務のことを考えるならば仕方がないが、とのことであった。一応の反論を勤務時間との関係からも止むをえない旨を申しあげたが、なお侍従長等と研究する旨お答えした。

4月7日（火曜日）

お行事軽減について御意見。仕事を楽にして細く長く生きても仕方がない。辛いことをみたりきいたりすることが多くなるばかり。兄弟など近親者の不幸にあい、戦争責任のことをいわれるなど。これに対し、戦争責任はごく一部の者がいうだけで国民の大多数はそうではない。戦後の復興から今日の発展をみれば、もう過去の歴史の一こまにすぎない、お気になさることはない、個人的には色々おつらいこともおありでしょうが、国のため国民のためにお立場上、今の状態を少しでも長くお続けいただきたい旨申しあげた。昨夕のこと。

4月21日（火曜日）

宮内記者会会員とお会い。3：00〜3：30、林鳥亭（注）。いつもと違い会員の自己紹介はなく、幹事会員のお礼からすぐ予定された質問に入る。10分くらいで終り続いて関連質問あり。高松宮殿下の思い出について秩父宮殿下の実記に出ているものをお読みになったが、「山の、たりたり」とか、よくお読みになれない部分などある。また御退位に関して「公式には首相などにいったことはない」と誤解され易い部分などある。今回は「回答」は書きものをお読みになる形でお答えになったので、不自然に感ずるものもあった。

（林鳥亭＝皇居・吹上御苑の半蔵門近くにある休憩所。昭和天皇が宮内記者会と会見をする場所の一つだった）

4月29日（水曜日）

今年の一般参賀は3回お出ましに減り、皇后さまはそのうち二回目だけお出ましとなる。お上におことばをお願いした時とお下がり願う時に申しあげたのに仲々それをなさらず再度申しあげるべく出た（前者のみ）ほど。昼のテレビに映ったおことばの際のお上は何となく生彩を欠いていたので、皆でそれを話したりした。

午後0時50分からの宴会（中村氏陪席）でおことば。乾杯など終ったあとお席でお上がお食事をおもどしになったので、東宮妃、常陸宮妃両殿下が両脇をおかかえになり、お歩きで泉の間（注）に退場。朝から胃のつかえがあった御様子。

（泉の間＝宮中晩餐や天皇誕生日の宴会の儀などが開かれる豊明殿内にある休所）

5月8日（金曜日）

春の叙勲、勲一等親授式。卜部氏侍立。21名で途中竹の間にて御休憩。松下幸之助氏（注）が代表してお礼を（車椅子）申しあげたが、書き物を広げるのは総務課長が手伝い、ことばもよくわからなかったという。

（松下幸之助氏＝松下電器産業〈現パナソニック〉創業者。このときの叙勲で、民間人としては最高位になる勲一等旭日桐花大綬章を受章した）

6月8日（月曜日）

昨夜の松寿園（東村山市の特別養護老人ホーム（私立））の火災（注）で死者17名、負傷者24名の犠牲者出たことで、お上から夜間2名しか勤務者がいない（収容者70～80名）のでは救出不可能は当然、どんな基準になっているのかとのお尋ねあり。東京都知事室長の青山〔和夫〕氏に卜部主管から電話してもらい、小生が具体的に色々調べてもらった。行政指導で50人以上の施設では2人以上で各階に1名ずつということになっているという。この基準自体ははっきりした根拠はないらしい。また、スプリンクラー未設置も基準上（消防法施行令）は問題ないと。

（松寿園の火災＝発生は6月6日深夜。スプリンクラー設置基準の強化など、社会福祉施設の安全対策が見直される契機となった火事）

6月22日（月曜日）

伊豆大島行幸。9：24～〔午〕後4：59。長官、総務課長、徳川侍従長、卜部氏、小生、大橋侍医。ヘリコプターに往路お乗り。陸上自衛隊所属の貴賓用ヘリはつい最近まで天皇及び皇族はお使いになれなかったが、政令を改正してそれが可能になったので（今回のために改正した）、ヘリに約30分（大島まで15分、上空1周に15分）お乗りになった（下田港の海上保安庁ヘリポートから大島空港まで）。貴賓用なので内部も12人乗りに内装もよく作られ、特に前部4席は向い合わせで別室になっており、騒音も少ない。ここに侍従長とお席に。お写真を頂きたいとのことで、小生が大橋侍医のカメラ（キヤノンＥＣＳ６５０）をかりて、お撮りした。

7月19日（日曜日）

お上御異常。御車寄前植込横（東側）においでの時、急にお立ち止り、不審に思っていると、ふらふらなさり始めたので、高木侍医長（注）と田中侍従が左右からお支えしたところその場におくずれになった。御車寄からエレベーターを使って御寝室にお運びした。小生もお側についてゆき、エレベーター操作、ベッドカバーの取り除きなどする。侍従長はお帰をお迎えしていたが、すぐ平〔玲子〕看護婦を呼びに行かれた。エレベーター内でお気がつき、侍医長のお尋ねに少し胸苦しい旨おっしゃった。ベッド上でお寝間着にお着替え。診断の結果、血圧、脈搏など異常は認められず。案外しっかりなさっており、約1時間後に心電図をお取りしたが格別の異常はないとのこと。御昼食はお控え願ったが、4時からは大相撲のテレビを御覧になり、夜は御夕食も割合良く召上がり、8時からの「伊達政宗」（注）を御覧になった。小生その間ヴィデオ用テレビを御寝室に移すためアンテナのつけかえ、リモコンの用意など忙しかった。御異常の原因に思い当るふしはなく、お疲れが多少あったものの（昨夜のお眠りが不十分であったとしても）今迄なら考えられないこと。平看護婦長にお話しになったところによると少しむかついたとのことで、エレベーターでの「胸苦しい」というのは「むかつき」をそう表現なさったのか。要するに脳貧血だったということであるが、その原因は結局よくわからないということで、お年からお疲れ易く、お疲れになるとこういう現象がおきるのではないかということらしい。

（高木侍医長＝高木顕侍医長。昭和62年に就任。63年4月より皇室医務主管を兼務）
（「伊達政宗」＝NHKの大河ドラマ『独眼竜政宗』。原作は山岡荘八の小説『伊達政宗』）

8月2日（日曜日）

お上御容態。午後4時ころ胸がむかつくような御気分になり、侍医が出たがはっきりせず、御夕食は軽く召上がった。7時少し前一気におはきになり、そのため胃の御気分すっきり。テレビなど御覧になっていつものように御格子。31日夜10時ころもむかつきをお訴えになったが、そのときは腸が張っていたので温泉で暖め直ったという。それと今日と一連のものかどうかはっきり分らないという。いずれにしてもこのところ昼間のお眠気がひどいらしい。先月19日のお倒れ以来どうもすっきりしない。

8月11日（火曜日）

山階武彦氏（注）薨去につき弔問使（故人はお上といとこ同士。故人の母君は貞明皇后と御姉妹）。永らく御病床にあった山階家の御当主が8月9日朝薨去。89歳。

昨日から弔問使として先方にお伝えするおことばを那須に伺ったが、昨日の樋口氏からの返事では特別のことはなく通常のおことばでよいとのことだったが、今日になって侍従長から電話あり、「お若いときのこと、関東大震災の時の御不幸（妃殿下が亡くなった）、御病気が長かったことなどお偲びになっている」旨のことをお伝えするようにとのことだった。

（山階武彦氏＝旧皇族の山階家第3代当主。戦前、東京・立川に私財を投じて御国航空練習所を創設。「空の宮さま」と親しまれた。元海軍少佐。昭和22年、他の宮家と共に皇籍離脱）

8月24日（月曜日）

御容態。昨日午後、お昼寝直後くらいに少量、3時すぎ大量お戻しになったが、そのあとはさっぱりなさったという。前回8月2日夜のときと同様という。原因は精神的、肉体的なストレスではないかと。機能が衰えていることはいうまでもないが、ストレスにより胃液が急に大量に出て来ると腸の方に下がってゆかなくなり、上に出てくるという。よくわからないがそういうものらしい。

8月29日（土曜日）

午後8時からいつものようにテレビを御覧になったが、9時すぎから吐き気をお催しになった。仲々お出にならず、漸く10時半ごろお戻しになった。大橋侍医、小野寺〔友子〕看護婦お手当。御昼食は平常通りよく召上がったが、御夕食はあまり召上がらなかったという。その後は御気分もよくおなりになった御様子でお眠になったという。ただ、お体温が36・7度と少し高かった。お吐きになったものの検査の結果は良いとも悪いとも言いかねるという状態で、御帰京後精密検査をする必要があるという。

9月3日（木曜日）

昨夜も亦（夜中に）お吐きになったという。間隔がいよいよつまってきた感じ。

9月13日（日曜日）

宮内庁病院（工事中を急ぎ中止して）に9時ころお着（目立たぬようプレジデントで、供奉車1台に伊東侍医と粂〔房子〕看護婦）、高木侍医長、大橋侍医、平看護婦、牧野内舎人先着。小生助手席に陪乗。お上はパジャマにガウン、スリッパ。

9月18日（金曜日）

大相撲九月場所行幸お取止め記者発表。〔午〕後5時、おなかの御不調のためと。来週のことは21日午後発表の予定。

9月19日（土曜日）

「天皇陛下腸のご病気」。今日の朝日の朝刊に第一面トップ記事。他の新聞は報道せず。この二、三日、朝日の記者が陛下の御容態について取材に動いているとの情報あり。それが昨夕の大相撲お取止めの発表をチャンスと今朝の報道となったもの。昨夕発表の際来週のことも一度にすれば良いと侍従職では主張していたが、長官などが総理などへの根まわしが間に合わぬとかいって二段階の発表となったため、朝日に抜かれてしまった。朝日の記事により各社一斉に動き出し、夕刊には各紙に詳しく掲載された。どうしてこんな細部までと驚かされる医学的所見まで記されている。

9月21日（月曜日）

沖縄に浩宮さんに同行する筈だった宮内記者会の連中は出発当日19日の朝全員出発取り

止めて、陛下の取材に動いたという。侍従室にも記者入れかわりやってくる。宮内庁発表〔午〕後3時。8月下旬から時々おなかが脹るなどの御異常。御用邸からお帰京後所要の検査の結果、腸の一部に通りの悪い箇所がおあり。できるだけ早くその通りをよくするため手術の必要ありと結論。明22日宮内庁病院にご入院手術の予定。当分の間、国事行為の臨時代行をお願いするため必要な手続を進める。沖縄行幸始め今秋御予定の諸行事は、手術後の状況により検討する。概略以上のような発表、報道されている実状からみて何とも間が抜けている。

9月22日（火曜日）

御入院・手術（別記）。国事行為の臨時代行、東宮殿下。当分の間、御署名は「裕仁明仁」となさる（御訪米時と同じ）。

〔以下、別記〕御入院・手術。御朝食なし。お背広で9時45分ごろお居間におおりになった。9時55分お居間お発ち。陪乗小生、供奉車に大橋侍医。10：02、宮内庁病院玄関お着（途中百人番所〈注〉前でカメラ、ペン約50名取材）。侍医長（先導）、侍従長、卜部主管お迎え。エレベーターで二階御病室までおいで（陪乗前記3名と大橋侍医、小生。エレベータ

ー は側衛操作）。すぐ執刀医の森岡〔恭彦〕東大附属病院長と麻すい担当医の沼田〔克雄〕教授の拝謁が御病室である（列立）。侍立、侍従長。医師の消毒など時間がかかり、11時03分御病室を出て（寝台車）手術室にお入り。その間ガウンを召して御病室でお待ち。相当待ちくたびれていた御様子。

侍従長、卜部主管と小生は御病室をお出になるまでその廊下でお待ちしおたちをお見立ち後、階下の別棟侍従候所にゆく。侍従長は東宮職に臨時代行の勅書をお届けにゆく。侍従候所は病院の副院長室を充てているので副院長の用品ばかりで、仮設ベッドを持ちこんである。

手術は午後2時37分終了との連絡あり、これは先生方が手術室から出て来た時刻で、お上が御病室にお移りになったのは4時20分ころという。

手術前に報道されていた手術の時間は1時間半くらいとのことだったので、仲々終らない手術に記者は侍従室に10人位たむろしていら立っていた。小生が1時半近く当直があけて帰って来たところ、たちまち「まだ終りませんか」ときかれたが、此方がききたいといってやった。病院の侍従候所は御病室の棟とは別棟なので、動きは全くわからない。

手術の時間は事前の診断やら、麻すいの用意やらで手術後も麻すいの状況など見守るため、順調にいっても2時間半くらいかかるらしい。事前にそういう説明がないので、長びいていて悪い個所があったのではとか、いらぬおくそくが飛び交うことになる。

術後の記者発表（侍医長、森岡教授。山本次長立会）は午後5時半ごろから行われたが、小生は5時すぎ退庁した。

東宮殿下の国事行為臨時代行は午後早速、内閣書類の御決裁があり。田中侍従が東宮侍従立会のもと、東宮殿下に御説明した。今後は東宮侍従が処理に当り、侍従は立会うだけにすることになった。

（百人番所＝皇居・東御苑にある。江戸城本丸に至る入り口で江戸城最大の詰所だった）

9月29日（火曜日）

すい臓組織病理検査結果発表。午後4時半記者会見で侍医長から説明。ガン組織認められず。「慢性すい炎」の病名。

10月3日（土曜日）

東宮殿下の臨時代行委任解除。浩宮殿下に臨時代行を委任。米国に御旅行（注）（今日から10日まで）のため委任解除。徳川侍従長が熊本御旅行中の浩宮殿下に勅書をお渡しするため昨日事務の平田〔英勝・事務主管〕補佐をつれて熊本においでになり、今日ホテルでお渡しした。

（米国に御旅行＝皇太子ご夫妻〈現天皇、皇后両陛下〉が国際親善のため米国を訪問された）

10月7日（水曜日）

御退院の準備。車椅子用自動車の昇降機の操作練習を吹上御車寄と病院玄関前で行う。小生は偶々朝10時ころ侍従室におり、外の侍従はいなかったので呼び出された。

御退院。2時25分病院御発。侍医長、森岡教授始め病院医師、看護婦など総出でお見立て。2時すぎ小生は病院にゆき、卜部氏と井原氏（注）は病室から車椅子御介添。卜部氏が押し井原氏はお供。小生は自動車後部でお待ちし、予め昇降機を下げておく。車椅子のお上が昇降機にお乗りになったところで操作して上げる。小生と伊東侍医、米倉〔敦子〕看護婦は供奉車で吹上までお供。小生は吹上でまた昇降機を操作。卜部氏が車椅子を押してお二階まで。御車寄の階段は内舎人2人が車椅子をもちあげて運ぶ。途中、百人番所前と、乾通りの西詰を出た所にテレビカメラの放列。医師団始め我々もこれで一段落とほっとしたが、御病状はこれからも慎重な観察が必要。吹上では職の看護婦6人と侍医団だけで当り、病院の看護婦の応援はないことになった。仲秋の満月は曇り空で夜半前には全く見えない。

（井原氏＝井原好英侍従、昭和62年に侍従就任）

10月16日（金曜日）

東宮殿下吹上へ。上奏書類御決裁のあと宮殿から吹上においで。2時40分ごろおつきになったが、お上の御用意中で2〜3分廊下（御静養室前）でお待ちになる。3時5分ごろお帰り。途中お談話室で侍従長と侍医長から御病状御説明約50分。4時前終る。今夕侍医長の記者会見があるので、その前にということらしい。

10月22日（木曜日）

大型テレビを元の小型テレビに交換。昨夜の経験（注）から元のテレビに交換してほしいとの女官の希望あり。お上に伺ったところ大型にした昨夜もこれまでと変らないから元のものにしてもよいとのことで、早速交換した。

（昨夜の経験＝大型の新しい26インチテレビを静養室に入れたが重くて移動が大変との記述が前日にあり）

11月6日（金曜日）

竹下〔登〕内閣成立。認証式。東宮殿下代行。先日来、一時は首相の親任式だけは陛下がとの議論もあったが、まだ御体力が十分でないからと代行で行われることになった。

11月23日（月曜日）

新嘗祭。お上は御欠席。昭和29年にお風邪のためお出にならなかったとき以来のことという。一体、お上がお出にならないのに新嘗祭を催すことの意味はあるのか。

12月16日（水曜日）

国事行為の代行の際の印鑑の作成。一部代行の解除に伴って、陛下と殿下が同じ日の上奏ものを夫々御決裁になり、特に東京の外においでになっている時、「可」「認」等の御印が1個では処理に不都合が出るので別に作製する必要が出てきた。侍従長も次長も同じものでよいとの御意見だったが、小生は勲記には裕仁、明仁と明記しながら本体の叙勲の御裁可の書には御裁可を誰がなさったか明らかでないのはおかしいと思うと、別の形のものを作るべきと主張し、同じ印を作ればよい（同じといっても多少変わることはありうる）ということになった。事なかれ主義というべきか。

昭和63年

1月1日（金曜日）

御健康。御退院後、概ね順調に御快復になり、お足取りも旧に復する御状態である。心配された新年の祝賀行事なども簡素化されたものをおこなしになれる状態で一同大安心。御服装は燕尾服・勲章着用を改めてモーニングコートとする。

三笠宮宜仁親王殿下は今年40歳におなりになるが（昭23・2・11生）、それを機に独立し宮家を創設することになり、1月1日陛下のお沙汰書が徳川侍従長から殿下にさずけられた。午前11時すぎ、鳳凰の間にて三笠宮同妃殿下と宜仁殿下は陛下に御対面になりお礼を言上なさった。この宮家創設については、御結婚でもなく偶々40歳という機にというだけで宮家独立の理由がはっきりしない。とかく交友関係などで風評のある殿下が独立すれば私生活に責任をもつようになるというのかもしれないが、却って監督の目の行き届かなくなるのをよいことに更に乱れる恐れなしとしないという説もある。桂宮という宮号は殿下のお印が桂の木であるからというが、幕末まで桂宮という宮家があり、これまで使用されなかった宮号をどうしてお使いにならないのか。桂離宮とか「桂宮邸跡」という標柱が京都御苑内（宮内庁白雲荘入口にあり）にあるなどまぎらわしい。御生活態度からいって良すぎるという酷評を下す人もいる。この宮号を候補としたこと自体が不可解である。

1月2日（土曜日）

一般参賀。おことばは仲々しっかりした口調で、御病気の御快復の順調なことを窺わせて一同安心した。昨年の御病気のことがあったので、昨年より1万7千人余り多い87590人（午後の記帳も含む）の入場があった。

1月8日（金曜日）

講書始の儀10：30。新聞によれば明治2年に始められた儀で、陛下御欠席のまゝ行われたのは初め〔て〕である。本来陛下へ進講するものであるから陛下御欠席なら中止すべきものであろうが、新年の国民的な文化行事となっているからという（変な）理くつで開催にきまったという。儀の趣旨がゆがめられたというか趣旨が変わったというべきか。テレビでみていると、陛下のお席として机だけポツンと置かれているのも奇妙にみえる。むしろ無い方が良いようにも感じられると田中侍従がいっていた。同感である。

1月12日（火曜日）

歌会始の儀10：30〜11：30。「車」御製「国鉄の車にのりておほちちの明治のみ世をおもひみにけり」。今年から皇后陛下の御歌はない。

2月9日（火曜日）

「皇居の植物」（注）原稿御覧。数日前から愈、原稿お手許に出たので御熱心に御検討。あれこれ御注文やらお尋ねが当直の侍従にある。一度お答えしたものについて更にお尋ねなどあり、お上は根をつめて御検討なので御疲れが出るのではないかと心配される。

（「皇居の植物」＝昭和天皇最後の著作で、平成元年に保育社から出版された。『那須の植物』『伊豆須崎の植物』に続く植物三部作の完結編）

2月19日（金曜日）

「皇居の植物」の原稿について、色々お尋ね、御意見あり。盆栽は有名なものだけ入れるというが、有名なものの中にも「三井松」のように信用できないものもあるので、このようなものを入れるのは感心しない。それに対し、ナスヒオウギアヤメとヒオウギアヤメの交雑は、それ自体雑種の前者の系統を調べる実験的研究で重要な意味があるのだから、これを入れないのはおかしいと。

2月26日（金曜日）

2・26事件。昭和11年の事件につき毎年おつつしみであるが、東宮、浩宮両殿下が今日から28日まで岩手県八幡平にスキーにお出かけになるので、このような日に出発するとは慎しみが足りない。しかも暗殺された斎藤実（当時内大臣）は岩手県出身でもあるというお気持が強い。

3月6日（日曜日）

皇后陛下お誕生日。皇后さまの御容態の関係から、吹上お談話室で長官はじめ侍従次長の4名がお上に祝賀（10：30）。皇后陛下には同じく総代のあと東宮同妃お始めお子様方（御降嫁の方御夫婦も）、御兄弟方のみ祝賀。そのあと大食堂でお祝酒を昨年より更に簡素にお祝いすることになった。

3月24日（木曜日）

香川県植樹祭県側と打合せ会10：00〜12：00。お上の御臨席はないことがわかっているのに、あたかも可能性あるが如く県側に思わせ、その線ですべての調査資料を用意させているのは甚だ遺憾なこと。二重の負担を負わせることはない。調査終了後（今月31日）20日くらいで公式に発表する段取りになっているのだから、調査の前に行幸の可否は―今日でも―否と伝えてやるべきではないか。四月になれば宮殿での御公務が少し増えるので、県側に益々可能性高いことを思わせてしまう。そのあげく否というのでは余りに気の毒。今の段階で否と伝えない理由がわからない。報道にはオフレコで伝えておいてもよいのではないか。

4月7日（木曜日）

徳川侍従長辞任の件。午後3時すぎ侍従長室に安楽侍従次長、卜部氏と呼ばれ（田中氏は所要で2時前に退庁）、侍従長から来週12日の閣議で多分きまるだろうが、侍従長を辞めることにした。昨年からかねてそのように長官に話していたのだが、御病気などもあり、延々になっていた。後任は、せめて宮内庁のことをよく知っている山本宮内庁次長ではどうかと長官に進言し、長官も了承した。

4月12日（火曜日）

徳川侍従長退任の記者会見。明日の閣議で新旧侍従長の発令があるが、今日記者会見があった。10：30～。昭和11年侍従になってから44年に入江侍従長の下に侍従次長を16年間務め、60年10月侍従長になった。80歳を超えて昨年夏から辞意をもらしていたが、陛下の御病気のこともあり、今日まで来たが、御公務も少しずつなさるようになったのでこの機会に辞めるという。陛下も最初はお許しにならなかったが、辞めてからも、お歌のこと、皇后さまのお絵の整理のこと、御研究のことなど引き続いて参与として行なうからというのでお許しが出たという。

5月12日（木曜日）

侍従長室会議1：20～2：15。中断し3：30～4：30。侍従長、同次長、高木侍医長、田中氏、卜部主管、小生、6月以降、主として夏までの御予定について会議。沖縄について（注）はソウル五輪のあとでないと警察はとてもと。昨年より1年おくれということとも合致するからよいのではと。

（沖縄について＝昭和天皇は62年10月の沖縄国体に合わせ、初の沖縄訪問を予定していたが、体調不良のため断念した。国体の開会式には天皇の名代として、皇太子夫妻時代の現在の天皇、皇后両陛下が出席。沖縄平和祈念堂を訪ね、昭和天皇の県民に対するねぎらいの言葉を代読した。天皇や天皇制に対する現地の反発は強く、読谷村のソフトボールの会場では住民が日の丸を焼く事件が起きた）

5月13日（金曜日）

お上御容態。お洋服のお採寸が30分近くかかったためか終った時貧血状態におなりで、萩の間（注）に1時間位お休みの後、御料車でお昼前に吹上にお帰り（宮殿内と吹上内は車椅子）。御昼食抜きで水分補給のため点滴。上奏書類は4時半すぎから御寝室でお椅子で御署名（半分）。すっかりお元気にお戻りで、テレビで相撲御覧。御夕食はお進みになり8時からまた上奏書類御署名。お眼鏡を以前の近用にお換えになる。お元気。

（萩の間＝宮殿内で天皇が執務する表御座所棟にある一室で、天皇と皇族らの非公式の食事な

どに使われる）

5月19日（木曜日）

園遊会行幸。午後2：00～2：31。井原氏お供。卜部、中村両氏おまねきにあずかる。昨秋お取り止めであったが今回は僊錦閣《せんきんかく》跡（注）にお立ちになり、君が代のあとお言葉があり、お手振り後すぐお帰り。場内のおまわりは東宮両殿下お始め皇族方のみ。

（僊錦閣跡＝赤坂御用地内にあった茶屋跡）

5月26日（木曜日）

桂宮殿下緊急手術（注）。ニュースによれば、御寝室（三番町宮邸）で倒れておいでのところを午後発見され都立広尾病院で緊急手術されたが（頭部を強く打っているとか）、意識はなお戻らず重態と。

（桂宮殿下緊急手術＝桂宮は宮邸で倒れ、急性硬膜下血腫で一時、昏睡状態となった。8月末までに意識が完全に回復、11月に退院したが、後遺症のため車いす生活となった）

6月14日（火曜日）

お上の検査結果、今日記者発表あり。格別の異常はなかったが、体力の衰えは否定できない（体重減り続けている、足どりも弱まっている）と。

8月5日（金曜日）

那須。お上は今日10時から澄空亭。那須に詰めている報道陣にたまにはお姿を撮らせることも必要というのでお出まし。

8月15日（月曜日）

戦没者追悼式行幸。11：47〜0：29。例年のようにおいでになったが、会場では侍従長が壇上の陛下の後方に席を設け、おことばの際も近くまでお供し、眼鏡をおとりかえになるので侍従長がさしあげることにし、そのためと、お身体を万一のとき支えるためにもと陛下の前に卓を置いた。何事もなく終ったが、侍従長が壇上で少しもたついたのが目立った。

8月29日（月曜日）

夜、田中氏（那須）から電話あり（注）。御容態が良くなく、今日午後から38・9度〜38・1度くらいのお熱が出て、お床と。

（電話あり＝天皇が静養中だった那須御用邸からの電話）

9月11日（日曜日）

黄だん。大橋先生のお話しによれば、管が圧迫されて通りが悪くなっているので、たん汁が体内に出てしまうためと。昨夜から。外からはわからないしお元気お変りない。

9月18日（日曜日）

国技館行幸については最近の御容態からいってお取止めすべきという意見は女官候所には強くあり、徳川参与も同意見。それに反し高木侍医長はかまわないという意見なので、昨日朝大橋侍医に本当はどうなんだというお尋ねがあった。大橋先生は純医学的にいえばおいでにならない方が安心との旨お答えしたとのこと。小生も先生からそれをきき、同意見の旨申しあげた。

9月20日（火曜日）

御容態急変。19日の夜10時ころ吐血され、日赤に輸血を要請。侍医長、内田先生（注）、侍従長、同次長、女官長、それに長官、次長など11時すぎから20日午前2時ころにかけて吹上に集って宮内庁緊張。わが家には0時半と1時ころの2回、朝日新聞社会部青柳（光郎）氏から電話（最初は氏名不明）あり。宮内庁から連絡はないかときいてきた。文子（注）が寝ている旨答えた。何かあったと思ったが、もしそうなら当直の田中氏は対応に追われていると思い確認の電話はせず。

吐血について侍医団は全く予想していなかったようで、その個所、原因などまだ十分析されていない様子である。

（内田先生＝内田俊也侍医。総理府技官）

（文子＝小林氏の妻）

9月22日（木曜日）

国事行為臨時代行の委任。御沙汰書には本来御署名があるところ今回それがおできにならないので、陛下の委任する旨の御意思を明確にしておく必要があるとの法制局の意向で、御沙汰を伺った当直侍従から宮内庁長官宛に次のような文書を提出しておいてほしいとのことであったので、事務主管の卜部侍従の名前で提出した（9月22日付）。「天皇陛下から、国事に関する行為を委任する旨の御沙汰がありましたので、御報告します。侍従　卜部亮吾（印）　宮内庁長官　藤森昭一殿」

9月29日（木曜日）

「ノンちゃんの夢」（朝のNHK連続テレビ小説）を御覧。昼の再放送をいつも御覧になっているが、昨日少し手違いあり御覧になれなかったので、今後は侍従が時刻になったら御寝室に出てスイッチを入れ、陪覧、終ったら切ることになった。

10月23日（日曜日）

最近東宮さんの御寝室での時間が少し長くなった。以前は5分余りのところ、最近は15分くらい。

十三夜の月。ススキを二階ベランダの御寝室から見える所にお出しして飾った。月は高く昇り直接御覧になれないので、鏡に反射させて御覧になった。御体調がよくお声もしっかり。

10月30日（日曜日）

昨夜から今朝にかけて、これまでに例をみない「多量」の下血があり、１４００ccの緊急輸血。下血を「多量」と発表したのは今回が初めて。

11月7日（月曜日）

礼宮殿下御帰国（注）。英国御修学中の殿下はお上の御容態が良くないというので今夕、日本にご到着になるという。７日深夜０時半ころ記者発表というのだから、恐れ入る。間に合わなくてもかまわないと思うのだが。

（礼宮殿下御帰国＝秋篠宮さまは結婚前の礼宮時代、昭和63年から平成2年まで英オックスフォード大学セント・ジョンズ・カレッジ大学院動物学科で学んでいた）

11月14日（月曜日）

御容態。案外持ちこたえ新嘗祭までは大丈夫という予想も出ている。

お召し。夜8時半すぎ侍従をお呼びというので御寝室に出た。言語不明瞭というより言葉になっていないので侍医2人（大橋、内田先生）、看護婦3人（小野寺、大工〔洋子〕、勝田）と何をおっしゃっているのか聞き耳をたてたが全くわからない。「明日にまた」と伺ってもそれは御承知にならない。今知りたいということらしい。お疲れになるばかりというので、侍医が安定剤を点滴に入れお眠りになるようにした。先週9日に安定剤を投与してからお眠りが多くなり、言語も不明瞭になってきたらしい。その分御病状は安定している。

11月15日（火曜日）

昼のテレビも見てよければ見たいとの御希望というのでつけたが殆どお眠り（テレビはこれが最後）。

11月19日（土曜日）

今日も朝のテレビ小説（昼の再〔放〕送）は御覧にならない。16日以降御希望すらない。

12月1日（木曜日）

摂政問題。御容態が現状のように傾眠状態が続き、意識が明確でなくなってくると、一時的でも意思表示ができればよいが、さもないと国事行為の代行では済まなくなる虞れが出てくる。常時意識がはっきりしない状態であるとなると、代行制度はなじまず、摂政を立てざるをえなくなるのではないか。幹部の間でも論議されている。

12月18日（日曜日）

新聞によれば、看護の刺激に対し「いやよ」とおっしゃったという。本当かどうか。

12月19日（月曜日）

「いやよ」の発語も先週16日夜のことで、「皇居の植物」の箱も御覧になって、その動きをお目で追っていらしたという。

12月20日（火曜日）

昨日は「おじゃじゃ」（注）ということもおっしゃったと。「痛い」とか「いや」とかも。侍医も驚いているというが、一時的なものかどうか。
（「おじゃじゃ」＝お小水のこと）

12月23日（金曜日）

昨夜、侍医の「お寒くありませんか」の呼びかけにお首を左右にお振りになるなど反応をお示しになったという。

12月28日（水曜日）

午後3時以降「見計い」で退庁。但し坂下門から出るのは遠慮されたいとのこと。一般記帳者及び記者に対する配慮か。3時すぎ退庁。坂下門から出て帰る。遠慮することはない。今日御用納めであることは周知のこと。

12月31日（土曜日）

9月の御発病以来、侍従長と侍従次長は日曜、祭日もなく毎日吹上に勤務を続けている。

御容態の安定しているときぐらいどちらか交替で休めばよいと思うのだが、東宮両殿下が毎日お見舞に吹上においでのこともあるのか、休まれない。

節折《よおり》の儀（注）。御病床にあるので略式で行うことにした。

（節折の儀＝御贖《みあが》の儀ともいう。毎年、6月と12月のみそかの大祓の日の夜に、宮中で天皇、皇后、皇太子のために行われる祓式の一種。神祇官のすすめる小竹9本を使い身長や両肩より足まで、胸から左右の手先まで、左右の腰から足まで、左右の膝から足までをそれぞれ測りその個所を折ることから、この名がある）

第5章　昭和64年〜平成12年　昭和の終焉、平成へ

大喪の礼で昭和天皇の柩を乗せた葱華輦《そうかれん》
（平成元年2月24日）

波乱に満ちた「昭和」が幕を閉じ、「平成」が始まった。昭和64（1989）年1月7日、昭和天皇が住まいの皇居・吹上御所で亡くなった。87歳の生涯。在位期間は歴代天皇で最長だった。昭和63年9月19日の大量吐血による容体急変から111日間にわたる闘病。宮内庁は毎日のように、吐血や下血の状況、血圧や脈拍の数値などを発表した。日々悪化する病状に、宮中だけでなく、社会全体にも重苦しい空気が漂っていた。

年初からの小林日記でも、昭和天皇がいよいよ「その日」を迎える緊迫感が伝わってくる。「回復は遅くなっている」（1月1日）、「状況は良くない」（1月5日）、「尿も殆ど出ない状況が続き、愈、今度こそはという時期にきている」（1月6日）と続く。

1月7日午前6時33分、昭和天皇は、皇太子（現天皇陛下）ご一家や民間に嫁いだ子らに囲まれ、息を引き取った。眠るような穏やかな最期だったという。宮内庁の藤森昭一長官が午前8時前に記者会見し、昭和天皇の死去を発表した。病名を「十二指腸乳頭周囲腫瘍（腺がん）」と公表した。高木顕侍医長も会見し、昭和天皇にはがんであることを隠していたと明かした上で「苦痛なく長寿を全うされるよう留意した」と述べた。

日記によると、小林氏は7日午前8時ごろ、吹上御所に着いた。すぐに寝室に出向き、別れの拝礼をした。侍医らにより体が清められた後、他の侍従と一緒に、肌着や小袖を着せた。天皇の体は「まだ暖みが残っていた」と記されている。

　政府は、国民に服喪を呼び掛けた。町からネオンが消え、音楽は自粛され、演劇やコンサートは延期や中止になった。テレビ各局は特別番組を編成し、コマーシャルなどを取りやめた。社会に自粛ムードが広がる一方、各地で天皇制に反対するデモや集会も開かれた。翌8日に納棺に当たる「御舟入」が営まれ、葬儀関連の儀式が連日続いた。22〜24日には一般人がお別れをする「殯宮《ひんきゅう》一般拝礼」が皇居の宮殿東庭で行われ、22日は約16万人が訪れた。小林氏は「国民の敬愛、哀惜の情の深いのを感ずる」（1月23日）とつづった。

　2月24日には、国事行為として葬儀に当たる「大喪の礼」が新宿御苑で営まれ、昭和天皇は武蔵陵墓地に埋葬された。この日、皇居から新宿御苑、武蔵陵墓地までの沿道では、天皇のひつぎを乗せた轜車《じしゃ》などの葬列を延べ約57万人が見送った。

　服喪期間を経て、天皇陛下の即位に伴う儀式が執り行われた。即位を内外に知らせる「即位の礼」の中心儀式「即位礼正殿の儀」は平成２（１９９０）年11月12日に皇居・宮殿で、22〜23日には皇位継承の重要祭祀である大嘗祭の中心儀式「大嘗宮の儀」が営まれた。国事行為として行われた即位の礼について、小林氏は11月12日の日記で、陛下が儀式の際に立った高御《たかみ》座《くら》に、三種の神器の剣と勾玉《まがたま》に加え、宗教色を抑えるために国の印の

「国璽《こくじ》」と天皇の印の「御璽《ぎょじ》」を目立つ位置に置いたことに言及した。内閣法制局の幹部が「細かなくちばしを入れてきた」と不快感を示し「持ち込めば十分であって、目立たない所に置くと（中略）目的が達成されないというのだろうが、何と小心なることか」と私見を記している。天皇、皇后両陛下や皇族、参列した宮内庁職員の多くが古風な装束だったのに対し、宮殿のデザインや当時の海部俊樹首相ら三権の長がえんび服を着ていたことを「現代調」と表現し「全くちぐはぐな舞台装置の中で演ぜられた古風な式典」と皮肉り、全員が洋装にすれば「数十億円の費用をかけることもなくて終る」と指摘した。

「公的な皇室行事」として催された大嘗祭は、祭場として皇居・東御苑に大嘗宮が臨時に造営され、約14億円の国費が充てられた。日記には大嘗祭の予行練習をする様子とともに、初めて見た大嘗宮について「仲々立派だが14億円とはとても考えられない」（11月17日）と率直な感想をつづった。今回の代替わりに伴う大嘗祭も前回を踏襲して行われ、建設関係費として約19億円が予算に計上された。大嘗祭は天皇が即位後、初めて行う新嘗祭だ。天皇の所作は明らかにされていないが、その年に収穫した米などを神々に供え、天皇自らも口にして五穀豊穣に感謝する、とされている。大嘗宮の儀に参列した小林氏は日記に儀式の次第を詳述し、夜に催された幻想的な儀式を「神秘的な雰囲気」（11月22日）と書き残した。大嘗祭を巡っては、秋篠宮さまが平成30年11月の誕生日会見で「宗教色が強いものを国費で賄うことが適当か」と疑問を示した上で「身の丈に合った儀式」にすべきだと持論を披露し、注目を集めた。

この頃の日記で特筆されるのは、平成2年8月の徳川義寛前侍従長との会話だ。靖国神社の戦犯合祀について「最も問題となるのはむしろ松岡、広田の文官（非軍人）が入っていることである」（8月21日）と記され、徳川氏が小林氏に話した内容と読み取れる。松岡は松岡洋右元外相で、A級戦犯とされたが極東国際軍事裁判（東京裁判）中に病死した。広田は広田弘毅元首相で、東京裁判で絞首刑の死刑判決を受け処刑された。A級戦犯として死刑判決を受けた唯一の文官だった。徳川氏は昭和天皇に半世紀以上にわたって仕え、終戦時には反乱軍兵士から「玉音放送」録音盤を守ったことで知られる側近だ。昭和天皇は昭和50年の参拝を最後に靖国神社を訪れていなかったが、A級戦犯合祀への反発から参拝を控えていたとみられ、徳川氏の発言は昭和天皇の思いを代弁したとも考えられる。

小林氏は平成への代替わり後、現在の天皇陛下の侍従としてしばらく仕えた後、皇太后（香淳皇后）の側近として皇太后宮職を務めた。皇太后は物忘れなどの症状も進み、この頃は国民の前に姿を見せることはほとんどなかった。日記の記述も減り、皇太后の体調を時折記す程度だった。皇太后が97歳の誕生日を迎えた平成12年3月6日には「皇太后陛下お誕生日、満97歳」と記され「御血色よく、少しお動きあり」とつづっている。皇太后は3カ月後の6月16日、吹上大宮御所で亡くなった。

（「小林忍日記」取材班・斉藤範子）

昭和64年

1月1日（日曜日）

歳旦祭御代拝につき、掌典次長復命に参内。午前6時、小生之を受け後刻申しあげる旨伝える。

御容態。朝37・1度〔体温〕、94〔脈拍〕、76〜48〔血圧〕、14〔呼吸数〕。夜半、相当量の下血があり、400ccの輸血を行った。前記復命の旨申しあげるべく8時前に御寝室に行ったが、昨夜来御容態良くなく、拝察中だったのであとにすることにし、先に8時すぎ朝食（雑煮、おせち料理、祝酒）をすませた。9時前には更に輸血が行われていた。血圧は少しずつ上昇しているとか。しかし、回復は遅くなっている。

1月4日（水曜日）

午後3時御用見計い。坂下門以外から退庁せよとのこと。年末と同じだが、趣旨理解し難い。3時半ころ坂下門から帰る。

1月5日（木曜日）

状況は良くない。仲々血圧が上がらないという。夜8時すぎ84くらいになった血圧について、高木侍医長から東宮殿下にお伝えしてくれとのことで樫山〔和民〕東宮侍従に通知した。夜10時ころ同侍従から東宮殿下のお礼を伺った。

1月6日（金曜日）

このところ輸血の効果が仲々出にくくなっている。すべての機能が衰えてきているためという。尿も殆ど出ない状況が続き、愈、今度こそはという時期にきている。

1月7日（土曜日）

崩御。〔午〕前6時33分。朝5時すぎ当直の井原侍従から電話。御容態悪化したので待機していてほしいと。更に6時ころ電話で来るようにと。前回と同様に今すぐにはと思い、起床前の体操などして7時ころ家を出た。東京駅からタクシーが仲々拾えず、8時ころ吹上へ。すぐ御寝室に急ぎゆく。お別れの拝礼。既に侍医、看護婦の手でお体の清拭など行われ丁度終るところだった。間もなくお召ものをお着せすることが始まり、卜部氏と小生が主になって中又《さるまた》、袖なり肌着、小袖、襪《シタウズ》（足袋（指なし））、帯をおきせする。女官長、久保女官、加藤侍医（注）、牧野内舎人もそばにいる。肌着は右手は袖を通したが左手は腕関節が既に固くなって曲らないので袖に通すことができず、左手は肌着の中に包んで前部ボタンを掛けた。小袖の袖も同様にせざるを得ず、左手は袖を通さず、従ってたもとはお体にかけたようなぐあいになった。

お体の下を小袖をくぐらせる時はお腰をもちあげたり横にしたり、仲々重い。まだ暖みが残っていた。８時半すぎから９時ころに終る。

剣璽《けんじ》等承継の儀。10：00〜10：10。松の間。他の侍従はこの儀のため習礼があり、前記の間に宮殿に行った。吹上に戻り儀のために剣璽を奉じて宮殿へ。剣—田中氏、璽—中村氏、御璽・国璽—菅原氏（注）、随従—井原氏（侍従長に従う）。

櫬殿《しんでん》移御の儀。10：15〜10：25。櫬殿の準備が整ったあと御遺体をお居間に作られた櫬殿に（お居間の東側約１／３に安置し大真榊、卓など飾る）お移しする。まず、御病室で寝台からたんかに一旦お移しし、内舎人、殿部などそれに卜部、小生、加藤侍医なども持って階段を降り、お居間中央に置かれた柩にお移しする。

拝訣。10：28〜11：15。これまで二階緑の間でお休みの新両陛下がまず御遺体に拝訣、あと順次皇族方が、終りに側近が拝訣して終る。

拝謁。なお、11：00～11：45、長官の新陛下拝謁が緑の間であり、その間新皇后陛下はお談話室でお休み。又、11：47～11：50、高木侍医長がお談話室で新両陛下に拝謁。御慰労があった由。

剣璽赤坂へ。承継の儀のあと櫬殿移御の終ったころ、剣璽は田中・中村氏奉じて両陛下と吹上に戻り、剣璽の間に。上記、拝謁のあとすぐ、11：53、田中・中村氏奉じて両陛下と大広間に進み、東宮侍従にお渡しした。両陛下と赤坂へ。

櫬殿祇候（注）。櫬殿で御遺体をお見守る（内輪のお通夜に当る）櫬殿祇候が始まる。13日間、小生は〔午〕後2時～3時に内田侍医（技官）と、6時～7時伊東侍医とする。終って夕食をすませ車で東京駅に帰る（途中夜中に祇候のある田中氏は庁舎まで）。

（加藤侍医＝加藤健三侍医）

（菅原氏＝菅原直紀侍従、昭和63年に侍従就任）

（祇候＝貴人の側に奉仕すること。この場合は、昭和天皇の遺体のそばに仕えること）

平成元年

1月8日（日曜日）

御舟入。夕6：04〜7：15。夕4時半すぎから準備、御内槽を槻殿に搬入。ドライアイスなど侍医が入れる。

1月19日（木曜日）

殯宮移御《いぎょ》の儀（注）。槻殿13日目に当る。槻殿─宮殿。午後4時半ころから槻殿の片づけが始まった。御霊柩を槻殿中央にお移しして、台車におのせするまで終って5時すぎから5時40分ころまでの間に夕食を早目にすませた。

6時に両陛下と皇太后宮が槻殿（お居間）においでになり、いよいよ御霊柩が槻殿をお発ちになる。そのあとに両陛下等。

最初お談話室手前まで女官長、女官4名が御紼《オフツ》（綱）を持って引く（実際は後方から内舎人、殿部等が押す）。そこで侍従（角田元侍従、井原、萱原、中村）と交替し、更に御霊柩の左（小林）右（田中）に侍従が、後方に剣の侍従（卜部）がつく。御車寄出口までゆき停止。

その後御車寄の特設台に、更に霊轜《レイジ》（霊柩車）にお移しする。仲々大仕掛で大変だが、スムースに運んだ。心配されたお天気も降るどころか午後から次第に晴れ暖かく、御車寄では十三夜ほどの月が中天近くに冴えわたっていた。

6時15分すぎ御車寄をお発。小生は、田中、中村侍従と第2供奉車。宮殿までの道中左右に宮内庁職員、皇警等お見送りの者がずっと立ち並ぶ。乾通りから宮殿へ（山下通り）の曲り角にテレビ、記者など取材陣が明々と照らす。

宮殿。宮殿御車寄で霊轜から御霊柩をお降し、御車寄内で方向転換した後侍従が吹上のときと同様に従い、松の間に進む。正殿口を経て（菊の間の前は通らず）、東庭側から松の間に、玉座を中心に立派な殯宮（内陣、外陣にわかれている）ができている。奥に安置し、三重目の外側ひつぎにお入れし、蓋がされる（業者）。側近奉仕者の我々は近くで見守り、あと掌典の飾りつけをみる。7時45分ころに終り、移御の儀の準備が整う。

8時ころから関係者続々松の間に参集。大行天皇（注）の側近奉仕者として山本侍従長、安楽侍従次長、田中、小林侍従、久保女官が席につく。北白川女官長は旧皇族としてそちらの席に。（他の侍従は退庁した）

儀が始まり、祭官長（永積氏）（注）の祭詞があったが声がよく聞こえない。天皇、皇后陛下の御拝（お榊）が別々に行われ（両陛下は御着床にならない）、皇族方などの御拝、退出が終り、最後に我々側近奉仕者が拝礼後再び着床し、祭官の御饌《ぎょせん》を撤して終るまで残る。我々が退出したのは9時15分。儀の始まる前ごろからぐったり疲れを感じ、儀中始めはつらかったが着床しているうちに次第に楽になった。庁舎に戻りすぐ背広に着替え、田中氏と車で東京駅へ。池袋からタクシーで帰宅。約20分足らず（川越街道経由）。2340円。風呂にも入らず、すぐ就床。

今夜から当分の間、吹上当直を再開することになった。順番はこれまでと同じ。今夜は菅原氏。

（殯宮移御の儀＝昭和天皇の棺を殯宮に移す儀式）

（大行天皇＝天皇は亡くなった後に追号を贈られるが、それまでの間は大行天皇と称している。大行は遠くに行かれた天皇の意味）

（永積氏＝永積寅彦祭官長。昭和天皇の学友で、侍従、掌典長を務めた）

1月20日（金曜日）

槻殿となっていたお居間は片づけられ、南東隅に隔殿が設けられ（屏風で一方を区切り、1畳ほどの座と前に卓、お供えもの）お参りした。

1月23日（月曜日）

殯宮一般拝礼は昨日1日だけで16万3400名の人が来たという。好天で割合暖かったせいもあろうが、それにしても大行天皇に対する国民の敬愛、哀惜の情の深いのを感ずる。朝雨強く東京駅からタクシーだったが、一般拝礼のため坂下門などから入れず、車は大手門から。庁舎正面玄関わきまで630円で、坂下経由の470円よりかかる。

午後、大喪の礼の日に我々外套を着るかどうかについて井関〔英男〕皇室経済主管が来て我々と相談、雑談。

1月25日（水曜日）

葬場殿の儀（注）などの葱華輦《そうかれん》（注）の習礼など百人番所前である。こんなものかとわかったが余り役立たず。所要時間を計り、かつぐ皇〔宮警察の〕警察官の習礼が主だった。

葱華輦も大きさを示す簡単な枠とかつぎ棒だけ。

（葬場殿の儀＝皇室儀式として行われる「大喪儀」の、告別式にあたる「斂葬の儀」の中で、新天皇が生前の天皇の功徳をたたえ、哀悼の意を表する儀式のこと）

（葱華輦＝天皇が神事や臨時の外出時に使う輿《こし》。屋根の上にネギの花の形の飾りが付いていることが由来とされる。輦は天皇の乗り物の意味）

1月26日（木曜日）

両陛下が夜間、日曜など通常の勤務時間外に祗候のため宮殿においでの際には、我々は宮殿に詰めることはしないことになった。

御料用として購入したが候所で使っている寒暖・温度計がないのできいたところ、内舎人が御料用だからといって無断で引きあげた。帳簿整理などのためという。電話できいたので出た内舎人にきつく注意した。現に使っているのに何事か。もっと常識を働かせて仕事をしてほしい。それでよくこれまで御用が勤まったものだとまでいって、これからもそのような心掛けでやってほしいと。

2月8日（水曜日）

両陛下、常陸宮両殿下、吹上にて皇太后さんと昼の御会食を。これからもありうるとのこと。これが御夕食時に行われるようになるかどうか、今日とりあえず試みてからという。

2月16日（木曜日）

武蔵野陵検分。柩を入れる石棺も大半できている。地上部から底まで総檜造の殿もできている。

2月23日（木曜日）

殯宮祗候、夜8：00〜9：00。昨日いわれたのだが、夜の祗候者が集らないので駆り出しているらしい。

2月24日（金曜日）

大喪の儀。愈、当日となった。早朝から雨。新宿御苑では風も強くなり、幄舎《あくしや》内も大変寒い。

斂葬《れんそう》当日殯宮祭の儀。朝7：30～8：30。中村侍従参列。吹上から福永〔泰子〕、田村〔和子〕女官（葬場殿の儀に参列のためハス池休所まで）と8時15分出発、宮殿へ。

轜車発引《じしゃはついん》の儀。殯宮祭が予定より早く終了したのに伴って轜車発引の殯宮出発も20分ほど早い。大行天皇奉仕者のうち、卜部侍従はお守の御剣を、中村氏は御挿鞋《おそうかい》（注）（菅原氏は葬場殿の儀で御挿鞋のため衣冠単の服装で御苑に先着）。田中氏は霊柩の左側に従い、小林と井原氏は御紼《おんふつ》（霊柩を乗せた先端の左右につけた3mほどの綱）を引く。竹の間外の階段は滑り台風にした坂を台車に移して降す（南車寄への階段の所も同じ）、—回廊—波の間—階段—南溜と進む。南溜で時間を調整。両陛下始め皇族方などお見守りの中を霊柩を霊轜車《れいじしゃ》に奉遷する。御剣は卜部氏が轜車後尾（霊柩の頭部）の案上にお移しし、御挿鞋は中村氏が奉持して轜車の助手席に乗る。9時半南車寄出発。小生は久保女官の車（皇太后宮御名代常陸宮妃殿下に供奉）に同乗。田中、井原氏は車列後押《あとおさえ》の更にあとの予備車に乗る。侍従長、同次長、卜部氏は大行天皇奉仕者として轜車のあと、両陛下の御料車より前方の車。

葬場殿の儀。皇居正門9時35分発。新宿御苑葬場総門着10時15分。交通規制のため車道まで奉送の市民で一杯（25日の朝刊によれば57万人の人出だったという）。

大行天皇側近奉仕者のうち御挿鞋の中村、菅原氏は別としても、田中、井原、小生の車列の位置、乗割は理解に苦しむ。大いに不満。轜車発引や、葬場、陵所で側近奉仕者は侍従長始め7名が霊柩の直ぐ後に従って進む。しかし、車列では侍従長、同次長、侍従1名は霊柩のすぐ後だが、侍従3名は車列外（後押えの更にあと）の予備車に乗った（小生はたまたま皇太后宮御名代供奉車に乗車する筈の中村氏（皇太后宮職参事の中村氏）が御挿鞋で轜車に乗車したので供奉の女官だけ一人の車が生じ、そこに小生が割りこんだ。しかしこれもおかしな話で、皇太后宮供奉車に侍従が乗るのは説明つかない）。

この車列の変則的な位置は後述の陵所の儀が始まる徒歩列の出発に影響した。即ち、陵所では轜車は霊柩を降す必要なく、葬列に入る方々は到着次第すぐ列を組むので、列は早くできる。ところが轜車のすぐ後につくべき大行天皇奉仕者のうち田中、井原、小生の3名は供奉女官の車に便乗して車列内で進んだ小生でさえかなり後方だったので、式部係官にせき立てられて車から降りて既に列のできている側近奉仕者の位置まで急いだが、小生より更にずっと後方の車で進んだ田中、井原氏は走って位置につかせられるという有様。

こんなことになったのは、そもそも側近奉仕者の扱いが真面目に考えられなかったためではないか。外部から目立つ徒歩列の形さえ整えればよく、車列は誰がどこに乗っていてもかまわない。輛車と両陛下の車さえ良位置にあればよいと考えたからではないか。車列をきめたのは誰か知らぬが、侍従次長が、もっと全体に配慮して意見を言うべきではなかったか。事務主管は赤坂との事務接渉などもあり多忙すぎで仲々手がまわらないのだから。

10時半に霊柩を葱華輦に移し徒歩列を組んで参列者の左右の幄舎の間（約150ｍという）を進む。元侍従の白戸、諏訪部、杉原、森、石田、樋口、斎藤、鈴木の八氏（注）が輦側を4名ずつ左右にわかれて進む。我々はその後ろ。雨と風が強く洋傘をさす。宮内庁が用意してくれたモーニング用外套が大いに役立つ。シルクハット、手袋が邪魔になる。幸い雨はそれほど強くないが寒い。約8分で葬場殿に着く。輦は51名の皇警々察官が橡色《にびいろ》（注）（ねずみ色に似る）の布衫《ふさん》（闕腋《けってき》）といういでたちでかつぐ。小刻みに足並をそろえてゆっくり進む。葱華輦は輦舎に入って正面に据えられる。そこまで確認して我々は幄舎内の席へ。葬場殿の儀が10時50分ころ始まる。両陛下始めの御拝礼あり。天皇陛下に御拝礼後御誄《おんるい》を奏す（弔辞に相当）。11時45分ころ終る。我々は左幄舎の御親族の左側前列より数列下がったあたりの席。

大葬の儀（政府主催）。12時～〔午〕後1時5分ころ。12時黙とう、総理始め四長官の弔辞などあり、外国元首始め外国参列者の拝礼。この拝礼の間両陛下はずっと御起立で外国使臣に御会釈をお返しになる。

この間に一般参列者の便所にゆく。ここは暖い。幄舎の席は我々の辺まで床暖房をしてあるとのことだが全然きかず。前方からの風が冷い。使いすてカイロを足くび、腰、背中に各2個ずつ。それに半長靴の防寒靴をはいたので背中までは暖いが、首から上が寒い。マフラーをすべきであった。膝掛毛布が席にあり下部はそれほど寒くない。これが終って霊柩を轜車に移す。そのとき側近奉仕者もそこに行くことになっていたが、行っても見ているだけなので、小生は皇族休所の一隅に設けられた供奉員昼食所にゆき、供奉車に乗るべき久保女官や女官長などとサンドウィッチと紅茶を食べる。轜車に乗る中村氏も少し離れた所で同様。他の側近は知らない。予定では陵所への車が高速道路に入ったら昼食をとることになっていた。

葬場→陵所。轜車、1時40分葬場殿発。3時15分武蔵陵墓地総門着。到着次第順次徒歩列が組まれる。最後尾はるか後ろに着いた田中、井原氏が急ぎ側近奉仕者の列内にかけつける。

陵所の儀。幸い雨はあがり、うすもやが立ちこめている。3時20分徒歩列が進み始め約10分足らずで祭場殿に到着。霊柩を御外槨を覆って作られた御須屋（注）にインクラインを使って運びあげるため移御台にお移しする。霊柩をクレーン台を使って御外槨（深さ地上から底まで約3ｍ）に静かに納め、ついで御挿鞋を霊柩足側の底にお置きする。中村氏（底に）、井原氏（霊柩上辺位置に）が下りて、菅原氏の奉持して来た御挿鞋を順次受け取って納めた。

ついで御副葬品を納めた木箱（上下2つに分かれ合わせて霊柩と同じ高さとなる。長さ約1ｍ）にト部氏の奉持して来た御剣を納めたうえ、簡易クレーンを使って霊柩足側に並べて納める。その上にみかげ石の蓋（40×60センチほどの石柱風（1本650キロという）を数本でする）をする。大林組。ここで我々は一旦休所（近くに設けられた工事事務所。正規の休所は多摩陵事務所わきに設けられていたが遠いので行かず）に入った。ストーブが暖い。しばらくして上記蓋の上に更に鉄筋入りのコンクリートを打つ（厚さ数十センチ）ので、その終了近く再び御須屋にゆき状況をみる。それが終るとお砂かけが行われた。両陛下始め皇族のみと我々側近と長官、管理部長等。木製のシャベルで一すくいあて。再び上記休所に戻り夕食の弁当をとる。夕6時ころ。

なお、上記コンクリートの上部中央に陵誌（礼宮殿下のお書きになったものをみかげ石に刻んだ数十センチ四方のもの。厚さ10センチほどの石を2枚重ねその内側にほってある。「武蔵野陵」と昭和天皇の崩御年月日など)。

祭場殿の儀。夜7時40分ころ。祭場殿前に設けられた幄舎(左側両陛下始め御親族、供奉員等、右側招待者及び参列のための侍医、女官など我々職員)に夫々着席。殯宮祭と同様のことが外で行われたようなもの。殿の前で庭燎《にわび》が数個所たかれる。幸い雨も降らず。両陛下始め順次拝礼。我々も最後に拝礼したのち再び席につく。外の方は拝礼後順次お帰り。

中村氏は、吹上御所に常陸宮妃殿下が御名代の復命にお立寄りになるというので、久保女官の車に同乗してお列で東京に戻るため、拝礼せずに席を立った。皇居に戻るため9時10分ころ一旦多摩陵事務所前までバスでゆき、乗用車に乗りかえる。田中、井原、小生の3人1台、他の侍従は知らない。菅原氏はバスという。皇居に10時少しすぎ着き、井原氏は帰宅。田中氏(当直)と小生は吹上へ。泊る。

(挿鞋=天皇が束帯着用の際に履く沓《くつ》)

(元侍従の白戸、諏訪部、杉原、森、石田、樋口、斎藤、鈴木の八氏=白戸厚氏、諏訪部信氏、杉原正純氏、森猛氏、石田淳氏、樋口英昭氏、斉藤誠治氏、鈴木武氏)

(橡色=「つるばみいろ」とも読む)

(須屋=工事現場用の仮小屋)

2月28日（火曜日）

倚盧殿《イロデン》拝見。宮殿萩の間にしつらえた倚盧殿を拝見に行った。壁・ガラス戸の四方に天井からすだれを下まで掛け、天井は電灯シャンデリアを除いただけ。中央に畳2畳分を敷き、武蔵野陵方向を向けてある。それだけのもの。陛下は装束を召し、ここに3月2日に10：00からこもる。倚盧殿の儀（注）。

今後の両陛下の拝謁の進め方、特に皇后陛下ができるだけ多くお出になりたいとのことで、これまで昭和天皇、皇后陛下がなさってきたものを大幅に変更する必要が出てきた。結局、国事行為に関連する叙勲は陛下のみとし、公的な性格の強い（職務御激励の意味の強い）検事正、自衛隊幹部、警察関係なども同様とする。それ以外の大臣等の表彰にかかるものは夫妻で出席か否かに拘らず（祝意を伝える性格のもの）両陛下とする。このような案となった。

（倚盧殿の儀＝天皇が父母の死去に伴い、仮屋にこもること）

3月1日（水曜日）

両陛下お相伴。侍従長始め侍従を二組に分け、今日は第1回。和食で1汁5菜、オレンジ（身のみ）、和菓子、緑茶。これまでの御慰労が主で先の陛下の思い出、副葬品のこと、霊柩をお納めした石槨のこと、賢所、拝礼（毎朝）のこと、御陵に移す植物のこと、キジの放鳥のことなど色々話題となり、後席でも今後の整理の進め方など。田中氏が多く話す。

3月2日（木曜日）

倚廬殿の儀。十分足らずの間、陛下が倚廬殿に座し、御陵の方向に向かい両段再拝の拝礼（注）をなさるという。侍従2名（赤坂の侍従）が装束をつけて奉仕。陛下は特殊の装束を召す。皇后陛下は赤坂御所で御陵を遥拝（同時刻に）。やはり特別の衣装を召すという。

（両段再拝の拝礼＝宮中三殿などでの天皇の参拝の仕方）

3月6日（月曜日）

皇太后陛下お誕生日。新聞は皇太后さんの御近況について当りさわりのないことをのせている。しかし老人特有の病気の状況について少しは伝えておいた方がよくはないか。週刊誌では既にかなり露骨に書かれているのだから、全く発表がないのも妙に白々しい。

3月9日（木曜日）

第一期の喪も明けたのだから、昭和天皇のお残しになったものを整理するについて、何をどのようにするのかなど、故陛下の側近奉仕の者のなすべき今後のことを相談する必要がある。根本的なことが不明であるが、事務主管、侍従次長が音頭をとらなければ動きようがないし、その他の侍従は積極的に動きたくない。事務主管は毎日の職務に赤坂御所との打合せなどで忙しく、落ついて打合せなどしている暇はない。

3月16日（木曜日）

御遺物の整理について会議。3：00〜4：30。侍従次長室。安楽次長始め全侍従。その前に宮殿地下及び庁舎の御服所及び保管部室をみてまわる。会議ではとにかく御府を整頓し棚をつけ、保管場所を確保する。

3月22日（水曜日）

顕忠府《けんちゅうふ》（注）（御府）内部をみる。御遺物の書籍その他の整理収納に使うため、一階に棚を設ける予定。現状は空の陳列棚やらサンゴ等の標本など乱雑になっており、陳列棚は用度課で廃棄。なお二階に昭和天皇の東宮時代のものから戦前、戦中のものなど（一部戦後のもの）書籍、アルバム類が二階一杯書棚などに収めてあるが、目録はなく、棚ごとに冊数がわかる程度。むき出しのものはほこりにまみれている（それでも年に1度は掃除している）。これなどは到底、手がつけられないと思われる。

（顕忠府＝戦前、戦利品などが納められていた皇居内の施設「御府《ぎょふ》」の一つで、戦後は倉庫となっていた。顕忠府には日中戦争や太平洋戦争に関連するものが収蔵されていた）

4月12日（水曜日）

宮殿表御服所整理状況の説明を受ける。昭和天皇御遺物のうち勲章、御日誌、外国元首写真献上品その他について一応の整理整頓ができたので、表御座所に保管してあるものについて牧野前内舎人から説明をきいた。

録音テープ整理。無記録のテープの内容を確認。

4月18日（火曜日）

紀宮内親王殿下成人（お誕生日）。侍従長のお祝詞言上は極めて簡潔。これに対し陛下から「ありがとう」とお礼。肝心の紀宮さんからは一言もない。甚だ心外。両陛下は一体何をお考えか。御自分も結構だが、成人になられた御本人から祝賀の職員に何の御挨拶もないとは。

4月19日（水曜日）

皇太后さまは陽気が良くなったので2〜3日前からお庭を御散策。久し振りのこと。今日は中村参事が休暇でいないので、偶々吹上に整理のため行った小生が代りに皇太后さまのお手を引いてお供。殆どお立止りにならずにお歩き。

5月1日（月曜日）

吹上宿直の応援のため元侍従の白戸、諏訪部両氏が皇太后宮職御用掛発令。宿直は5月は二人で交替に我々と一緒に行う。6月からは二人とも夫々宿直するので、全部で6人でまわすことになる。今月から吹上の宿直日誌もつけることになった。余り意味はない。書くことも殆どない。

5月12日（金曜日）

宮殿侍従候所に先帝陛下の侍従が詰めることについて異議あり。新帝陛下が宮殿においでの時、我々も宮殿にゆく。従ってお供してきた侍従と二人が候所にいることになるが、何のために我々も行くのか。先帝時代は候所には侍従一人で用を足していた。我々も御遺物の整理にかかっているので宮殿に行くひまはない。以上のことを全員で昼食時に侍従長に話して、そのように進めてもらうよう頼んだ。

5月16日（火曜日）

卜部主管の作成した計画案について卜部主管から説明し、検討。書籍については雑誌類は破棄するが、その他は保管。御愛読のものはつまらぬものでも残す。この案は一応の姿勢を示すものとして意味がある。

6月28日（水曜日）

この数日、先帝陛下の遺産相続（注）につき、新聞、テレビの報道が続く。宮内庁次長は事実が記者にもれているのではと神経過敏になっているらしく、卜部主管が昨日も今日も呼ばれ注意を促された。官邸筋からも何かと注意あるらしい。もっと積極的にといかぬまでも、あまりかくし立て〔して〕は却って反ぱつを買う。報道されて当然の国民的関心事なのだから。

（遺産相続＝昭和天皇の遺産相続について宮内庁は平成元年7月、課税対象の遺産総額は約18億6900万円で、天皇陛下と皇太后さまが相続し、美術、工芸品の大半の約3180点は国に寄贈したと発表。陛下は東京・麴町税務署に宮内庁皇室経済主管、皇太后宮大夫名義で遺産額を代理申告、相続税を支払った。納税額は約4億2800万円とみられる。天皇家の私有財産が公表されたのは新憲法下で初めてで、発表されるまでの間、関連報道が相次いだ）

7月8日（土曜日）

昭和天皇の遺産相続につき、新聞各紙一斉に報道。一か月くらい前までは宮尾〔盤〕宮内庁次長は記者会見の際、内容発表はしないといっていたが、結局記者からの要望もあり、かなり詳しく発表した。ただ、相続税額の4億余は発表された数字ではなく、記者会で、課税対象額をもとに計算したものだという。どうして数字まで発表してやらないのだろう。こんなところが宮内庁流というのだそうだ。

8月4日（金曜日）

両陛下記者会見。御即位後最初の内外記者会見。午後3時～3時35分、石橋の間。テレビの報道（録画）が直後にあり、それを見る。丁寧に御発言になっておられ、仲々良い。皇后陛下も同様で良いが、「東宮さま」はいただけない。皇太子であっても皇后は上位にあることだし息子なのだから、このような公的な場では耳ざわりだった。「東宮」又は「浩宮」でよいのでは。

8月10日（木曜日）

海部〔俊樹〕内閣発足。宇野〔宗佑〕前内閣発足のときもそうだったが、今日は日が悪い（「先負」）というので午後から親任式・認証式。少しでも早く発足させるべき内閣を「日が悪い」という何とも時代錯誤の考えで先きのばしするとは、沙汰の限りではない。

「日が悪く」ても午後なら何とか我慢できるというのだろうか。

8月31日（木曜日）

吹上御車寄（皇族口）に皇太后さま用にリフトができて初めてお使い。車椅子にお乗りのまゝリフトにあがり、電動上昇。階段を使用せずに楽に出入りできる。

9月12日（火曜日）

礼宮殿下御婚約正式決定。川嶋紀子嬢との御婚約につき、今日午前9時から皇室会議が開かれて全会一致できまった。お二人は午後2時すぎ、吹上御所に皇太后さまに御あいさつのため参内。皇族休所で安楽大夫（注）がお申し置きをお受けした。

（安楽大夫＝安楽定信侍従次長は、平成元年1月11日より皇太后宮大夫を兼任）

9月26日（火曜日）

御結婚の日どりは来年6月末ときまり発表された。6月半ばに英国での御修学が実質的に終了するので、殿下の早い御希望に応えてそうきまったらしい。9月説もあったというが、そのほうが9月まで御修学の期間なのだから当然なのだが。お住いは赤坂御用地内の旧鷹司和子さん（注）の家を増改築してお使いになるという。

（鷹司和子さん＝昭和天皇の第三皇女。夫と死別後に赤坂御用地内に居を移していたが、平成元年5月に死去した）

12月7日（木曜日）

武蔵野御陵御代拝。黒ネクタイ、シルクハット。8時半ころ両陛下に御代拝のごあいさつ。今日は権殿のある期間の最後の御命日なので、これまで御苦労願った祭官、祭官補に両陛下から賜りがあり、御陵分と権殿分にわけて前者について今回のお使いの侍従から平磯祭官にお菓子（「白川路」）（注）を賜った。12時7分ごろ両陛下に御代拝の報告をし、併せて工事の状況を御説明（お尋ねあり）した。植樹と道路整備を残すだけで今月中には十分完成する。

（「白川路」＝京都・田丸弥の名菓）

12月21日（木曜日）

「皇居の植物」出版御慰労の両陛下のお茶。3：30〜4：50。次第は、北村、伊藤両御夫妻（注）は第1丸テーブルで両陛下と、他の両先生（注）と保育社関係者は徳川氏と侍従長が第2丸テーブルでお話しになり、20分くらいして両陛下は第2テーブルにお移りになり徳川氏、侍従長は第1丸テーブルに移り20〔分〕くらいお話し。その間、侍従などは少し離れてオードブルなど立食。前半洋オードブル、後半和風オードブル。プチ・ケーキ、紅茶も。昭和天皇のときよりオードブルの内容と味に少し変化があり、種類も少し豊富になった感がある。第2テーブルが終ったあと、両陛下は侍従などのところにおいでになり10分くらいお話し、終って一同並んでお見送り。なお、最初に一同並んでお迎えし、陛下からおことばあり。本の出版について御慰労と、陛下の御存命中に出なかったのは残念だが、その分立派なものができて喜ばしいと。

（北村、伊藤両御夫妻＝北村四郎京大名誉教授と伊藤洋東京教育大名誉教授とみられる。昭和天皇の植物研究仲間）

（他の両先生＝東北大教授を務めた木村有香氏と、川村文吾氏とみられる。木村氏は昭和天皇の植物研究の相談役で、川村氏は生物学御研究所の所員だった）

平成2年

1月1日（月曜日）

喪中につき新年の諸行事はない。侍従になって始めて元旦に家に居る。側近の者は貞明皇后の喪に服して新年行事のなかったとき以来のことという。

1月7日（日曜日）

権殿一周年祭の儀、山陵一周年祭の儀（注）。東京駅まで車をといたところ余裕がないとのことで、田中、卜部氏と3人で東京駅方面に歩いて帰った。最後の最後のところの手配が足りないので、ひどい目に会う。早い者勝ちでは困る。

（権殿一周年祭の儀、山陵一周年祭の儀＝昭和天皇の死去から満1年の7日午前、昭和天皇の霊代を祭る皇居・宮殿に設けられた権殿で「権殿一周年祭の儀」が行われ、午後には昭和天皇が埋葬された東京都八王子市の武蔵野陵で「山陵一周年祭の儀」が営まれた。いずれも天皇、皇后両陛下や皇族、三権の長らが参列。これで昭和天皇の一連の大喪儀諸儀式が終わり、皇室の1年間の喪が明けた）

1月8日（月曜日）

御禊《ごけい》の儀（注）。午後2時から宮殿竹の間。天皇陛下のお祓いの行事で、毎年の折節の儀と同様のことが行われた。

大祓《おおはらえ》。午後3時から二重橋から三角門方向にすぐのところに天幕を設けて行われた。これで1年間の服喪のけがれが清められたことになる。

吹上御所では午前11時すぎ掌典が大広間を、ついでお居間前でお清めが行われた。これで吹上御所はすべて清浄になった。これらの前にお居間に設けられていた隔殿が取り払われ、代りに元のお居間のように元両陛下のお机が旧状のように置かれ、テレビの横の壁に先帝陛下のモーニング姿のお写真を掛け、その前に台を置いた（御影《みえい》さまという）。

（御禊の儀＝みそぎ、とも読む。喪明けや、大嘗祭前などに、天皇がけがれを清める宮中儀式。除喪）

1月10日（水曜日）

昭和天皇御遺物の整理をまた始めることになる。当分、吹上でなく「御日誌」により日時、行事名の確定をする予定。

1月12日（金曜日）

礼宮殿下、川嶋紀子さん、納采の儀。

午前11時に重田〔保夫〕侍従次長が目白の川嶋家を天皇陛下のお使いとして訪問した。納采の品は絹の洋服地3巻、清酒6本、鮮鯛2尾という。

午後1時35分、宮殿竹の間で紀子さんと両親が両陛下と礼宮さんに御挨拶になり、そのあと、2時半から両陛下と礼宮さんに（川嶋家はすぐお帰りになる）皇族・元皇族が祝賀。引続いて宮内庁長官、次長、侍従長の職員総代が祝賀。更に総理（海部総理外遊中につき橋本大蔵大臣〔総理代行〕）、両院議長、最高裁長官の4長官が同様に祝賀申しあげる。

お茶。午後4時〜4時40分、赤坂御所。モーニング。侍従職、東宮職の側近（侍従長始め、侍従、女官、侍医）それに長官と同次長がお祝いのお茶に召される。

昨日届けられた名簿によれば、中村侍従が出ていなかった。これは兼任侍従であることが忘れられ、皇太后職参事（注）とばかり考えられていたためだが、それなら安楽氏も侍従次長は兼任なのだから皇太后大夫としては召されない筈。しかし、安楽氏は侍従次長として召されることになっていた。そこで我々がこれを問題視し、卜部氏から手塚〔英臣〕侍従に訂正方を申し入れた。その結果侍従として中村氏も召されることになった。この問題は赤坂中心の考えで侍従職、東宮職側近を召すだけで良しとし、皇太后職を無視することから起きるので、これまでもこれからも、礼宮御夫妻は皇太后職にも吹上でお世話になることを考えないのか。せめて女官長を代表として召すべきではないか。

（皇太后職参事＝中村賢二郎侍従が皇太后宮職参事を兼務していた）

1月20日（土曜日）

東久邇稔彦殿（注）逝去。朝10時すぎ、平田〔英勝〕補佐（皇太后宮職〔参事〕）から逝去の電話が小生の自宅にあり、午後4時に両陛下が吹上に弔問においでになるから、宿直の小生にそれまでに吹上に来てほしいとのこと。皇太子殿下も御一緒においでになったが、我々は両陛下だけと連絡を受けていたので、あわててお談話室のお椅子を用意した。中村参事は3時すぎ退庁してしまったが、皇太后宮職参事として両陛下を大夫と共にお迎えすべきではなかったか。

（東久邇稔彦殿＝旧皇族。大正、昭和期の軍人で政治家、東久邇宮を創設した。戦争直後、首

相に就任し敗戦処理に当たる。昭和22年に皇籍離脱した。香淳皇后の叔父）

1月24日（水曜日）

勅使発遣の儀における御剣の扱方の間違い。昨日行われた竹の間における儀で、侍従が奉持した御剣の持ち方が左右逆。御剣の持ち方に習熟していない赤坂の侍従は、安楽氏に教えてもらったという。それが間違っていた。田中、卜部氏などには何の相談もなく、安楽氏の思い違いでとんだことになった。安楽氏自身、御剣を扱わなくなってからもう久しいのだから、正確に記憶していなくてもおかしくない。他の侍従に確かめることもしなかったのは軽率ではなかったか。

2月6日（火曜日）

昭和天皇を偲ぶ歌会。歌会始とは大分異なり人数も少ない。昭和天皇ゆかりの人が多い。

2月8日（木曜日）

斎田点定《さいでんてんてい》の儀（注）。秋田県――悠紀田《ゆきでん》、大分県――主基田《すきでん》ときまる。アオウミガメの甲を焼いて卜定したと。今の世で本当にこんなことで特定できるか信ずる人はいない。伝統的な行事が行われたということに意味がありとすべきか。
（斎田点定の儀＝大嘗祭で新天皇が神々に供え、自らも食す新穀の産地を決める神事。カメの甲羅を炙り、東日本から悠紀地方、西日本から主基地方となる都道府県を決める）

2月26日（月曜日）

株大暴落。ダウ平均東証終値１５６９円安の３３３２１円となり、１９８７年10月20日のいわゆるブラックマンディ以来、史上２番目の下げ幅。為替市場で円安ドル高が進み一時１ドル１４９円台に。

3月6日（火曜日）

皇太后陛下お誕生日。両陛下はじめ皇族方祝賀。皇太后陛下はすべて車椅子のまゝお受けになった。我々のときは、それまで少しお眠りであったのがお目ざめで、にこやかにお受けになった。これまでの皇后陛下お誕生日のときと同様にお菓子（やわらかもの）、たばこ、お菓子（菊焼残月）（注）をいただいた。

（菊焼残月＝園遊会などの行事で招待者にお土産として配る和菓子。菊の紋章が焼き付けてある、あん入り）

3月9日（金曜日）

皇太后陛下御陪食。5：40〜7：00。皇太后宮大夫、女官長始め女官、参事、侍医、それに宿直する侍従3人と御用掛全員18名。久保、田村の両女官（今夜の泊り）が陛下のお食事かわるがわるお介添。フルコースの洋〔食〕。皇太后陛下は最後までお席でお食事。

4月17日（火曜日）

松村〔淑子〕女官長辞職、後任に井上和子さん。御挨拶に侍従室においで。17日付。松村さんは21年間という。井上さんは故木戸孝一（注）元内大臣の令嬢（五女）（注）で井上準之助元蔵相の令息夫人だった方で、大正15年生れ。割合小柄な印象。

（木戸孝一＝昭和天皇の側近でA級戦犯だった木戸幸一の誤り）

（五女＝三女の誤り。平成2年から16年まで皇后さま側近の女官長を務めた）

5月24日（木曜日）

盧〔泰愚・韓国〕大統領夫妻来日（国賓）。天皇のお言葉による謝罪（注）について大統領の来日を機に盛に報道されてきたが、象徴天皇の限界を越えてはならないという政府の方針が韓国民にどの程度理解されたかわからないが、結局落つくべきところに落ちついたというべきか。

宮中晩餐８：00。タキシード。陛下の御服装をテレビでみると上衣はダブルの背広と全く同じ。従って前あわせが深く、タキシード特有のひだのあるＹシャツは殆どみえない。これではズボンが正式のわきに線の入ったものであってもダブルの背広に黒の蝶ネクタイをしたもののようにみえる。これでタキシードといえるのか。こんなタキシードがあるとは知らなかったが、もし新規軸を出すためならとんでもない。国賓処遇の正餐にまだ広く認められていない服装をするなど一国の最高首脳のすることではない。世界先進国の物笑いのまとになるだけ。誰の発案か示唆か知らないが、側近は何をしているのか。

〔天皇のお言葉による謝罪＝盧泰愚韓国大統領夫妻を歓迎する天皇、皇后両陛下主催の宮中晩さん会が24日夜、皇居・宮殿で開かれ、天皇陛下は過去の植民地支配について「わが国によってもたらされたこの不幸な時期に、貴国の人々が味わわれた苦しみを思い、私は痛惜の念を禁じ得ません」と述べ謝罪の意を込めた。盧大統領は「歴史の真実は消されたり、忘れられたりすることはありませんが、韓国国民はいつまでも過去に束縛されていることはできません」と答辞を述べた）

5月25日（金曜日）

皇太后陛下御散策のお供。3：30〜3：50。仕人が車椅子を押し、20分くらいの間であった。車椅子の御散策にお供したのは今回初めてのこと。皇太后さま何もお話にならなかった。

6月29日（金曜日）

文仁親王結婚式。

午後は3時から朝見の儀。総理や宮内庁長官始め総代の祝賀などあり、4時30分、両殿下は南車寄から仮御所にお帰り。その際宮内庁職員が東庭でお見送り、小生は行かず。

6月30日（土曜日）

この四方のお写真（注）は、正式の記念写真として問題がある。秋篠宮殿下が両手を前で組んでいるのは論外。最高の正装をし極めて改まった写真であるべきところ、こんな姿勢では良識を疑われるというべきである。従来から殿下は両手を組むくせがおありのようで、そういう写真をよく見る。陛下の左手も甚だよくない。掌を大きく開いている。自然にのばすか、軽く握るかすべきであろう。これもくせらしく、竹の間における国賓との写真でもみかける。いずれもこの場に立合ったに違いない側近（侍従か）の者が当然注意してお直し願うべきである。カメラマンはそこまで立入って申しあげることはできない。折にふれ報道される写真であるだけに、特に日頃からキリットしない動作の多い秋篠宮殿下にとって大きなマイナスである。立合った側近の責任重大である。

（四方のお写真＝6月29日に宮殿・竹の間で撮影された、天皇皇后両陛下と秋篠宮さまと紀子さまの写真のこと）

7月3日（火曜日）

この秋の大嘗祭を控え、古い時代の同祭がどのように行われたか、東山御文庫（注）の収蔵品中にある文献を一度調べておく必要があるとの長官の発意で、急ぎ同文庫を調査することになった（この春に両陛下が同文庫を御覧になった時、お供して行って思いついたらしい）。今更調べたところで格別今秋のお祭りに役立つものが出るとも思われず、仮に出たところで間に合うかどうかわからない。一応古いものも調べたとの姿勢を示すということだろう。

（東山御文庫＝京都御所内にある皇室の文庫。皇室ゆかりの文書や歴代天皇自筆の書などが収められている。小林氏は翌月の8月6日から10日まで東山御文庫の曝涼のため、京都に出張している）

8月3日（金曜日）

イラクがクウェト侵攻。世界が注視。経済的危機を脱出するため、敢えて武力に訴えたとか。どうもよくわからないところがある。

8月8日（水曜日）

予定していた資料のうち長棹にあるべき桐箱が入っていない。過去の曝涼の記録を調べると昭和60年にその長棹と同じ日に出した長棹があることがわかった。恐らくそれに間違って入れてしまったものと考えてそちらをあけることにし、東京に電話し安楽氏に相談し、同意を得てそれを開いた。案の定間違って入っていた。それにしても割合大きい桐箱を間違って入れるとは収納時の点検がおざなりだったのか。当日の侍従は安楽侍従の記録。

8月21日（火曜日）

徳川参与侍従室に来られ暫くお話し。靖国神社への総理参拝で毎年問題となる戦犯合祀で東條〔英機〕など取りあげられるが、最も問題となるのはむしろ松岡〔洋右〕、広田〔弘毅〕の文官（非軍人）が入っていることである。また特に松岡は日米開戦の張本人ともいうべきもので、日米交渉の最中、ルーズヴェルト大統領の出した条件に、陸軍も海軍も賛成していたのに松岡が自分が交渉に当らなかった故をもって反対したために、交渉がまとまらなかったという。松岡は日独伊三国同盟をまとめて帰国の途中、ソ連に寄り、日ソ不可侵条約を結んで、そのためドイツをひどく怒らせたとか、とにかく異常の人だった。

9月5日（水曜日）

即位の礼を秋に控え国民からの奉祝歌を受けるということになり、（昭和天皇のときと同様）記者会に発表になった。いささか急な話だが、これまで気がつかず、先頃の秋篠宮御成婚の際お祝いの歌をお受けになったとき調べて、昭和天皇のときにあったことも知ったという。式部職の失態というべきだが、その実務を担当する余力が式部にないので、侍従職の本庁で我々侍従もがその選別（不真面目のもののみ外す）にあたるという。
来年の歌会始への応募の歌も例年に比べ大幅に少なく、現在３０００首くらいというが、奉祝歌もどれだけ応じてくるか、多くはないのではと思われる。

9月18日（火曜日）

即位の礼の奉祝歌、２００首余り集り、内容をみる。祝意を詠ったものが殆どなのは当然だが、散文のもの、俳句のほか、昭和天皇を偲ぶものが数首みられた。

10月3日（水曜日）

東西両ドイツの統一。昨秋11月ベルリンの壁が破られてから驚くべき早さ。人口８０００万の大国、欧州一。ただ、困難な問題解決は容易ではなさそう。

10月26日（金曜日）

皇后陛下お誕生日祝賀行事。10月20日のお誕生日は福岡県国体のため行啓中につき、祝賀行事は今日に延期されたもの。侍従職は赤坂と此方に分れているので、此方では宮殿雉子の間（注）で侍従以下事務職員、仕人など列立で両陛下に（御車寄から御座所においでの途中）祝賀。このあと鳳凰の間で総代など宮内職員、11時40分梅の間で総理始め閣僚夫妻などその他皇族など祝賀あり、午前中に終る。昭和天皇の時と異なり、両陛下でお受けになるものが多い。我々に昼食の御馳走もない。

（雉子の間＝宮殿内で天皇が執務する表御座所棟にある一室）

11月3日（土曜日）

即位礼の習礼。束帯は下着から一式全部で６・５kgある。小生は璽の役（仮の箱をもつ）。手順がまだ殆ど細部は詰めていない上、女官への連絡も悪いので仲々進まず、試行錯誤で行われた。３回くらい行ったが、大体のところで終り、大筋はきまった。石帯をつけると装束は重く、２時間余り立ち通しでぐったり疲れた。

11月10日（土曜日）

総合習礼。両陛下、皇族方は昨日で終り。代役に職員が立つ。

11月12日（月曜日）

即位礼正殿の儀。

11時ころから束帯の袍をつけそのあと昼食。12時ころ宮殿侍従候所にゆき時刻まで待機。12時45分ころ鳳凰の間外までゆき、菊の間内に置いてあった神璽を持って列を組む。定刻12時57分御参進。途中梅の間外で列は一時少し間止まる。皇族の御着席がまだとのことだった。予定どおり1時～1時半正殿の儀。途中、高御座の帳を開いた直後に鳴る笏の鉦の音が少し早く、帳が開き始めてすぐ鳴ったし、陛下に一斉に礼をする合図の太鼓がまだ御帳台の帳を開いた女官が下部を直していた時に鳴ってしまった（この合図で諸員が一斉に陛下に礼をする）。

饗宴の儀。第1日、燕尾服。

正殿の儀に参列の外国元首等外国の祝賀使節を中心に約350名。夜7時20分ころから10時半ころまでの予定のところ、終りは約1時間遅くなった。両陛下への挨拶に時間がかかったらしい。

即位礼について感想。

（1）習礼を5回（うち3回両陛下も）したが、30分の両陛下おでましで終ってしまったことを考えると5回もする必要は全くなかった。細部のことに調整にこだわりすぎたのではないか。高御座の後ろや内部での侍従の所作にこだわりすぎた。特に心外だったのは、国璽、御璽の高御座内の置場について法制局（しかも長官あたりというが）が細かなくちばしを入れてきたことだ。何処に置こうが、高御座内に持ち込めば十分であって、目立たない所に置くと、宗教色を薄めるために国璽、御璽を持ちこんだ目的が達成されないというのだろうが、何と小心なることか。結局神璽の前方（侍従職案では後方だった）に置くことで結着した。

（2）お列進行の際、陛下と同様中央を進むのは宝剣、お裾、神璽の3人だけで、あとは先行する式部官長、長官、侍従長、お笏、御草鞋の侍従すべて左側を進行する（国璽・御璽と褰帳《けんちょう》〈注〉は左右2人ずつだから両側に分かれる）ことはおかしい。全部中央を進むべきだ。最初の案は宝剣・神璽も左側を進むことになっていたのも改めさせ、そのかわりはきもの（土足用という）を室内にも使う鳥皮に替え、上記3人のみ中央にした経緯がある。

陛下の後ろを従う者が中央を歩かないなど通常のあらゆるお供では全くないことだ。
（3）侍従全員が笏を持たなかったことは5日の記事にも述べたとおり、束帯の服装として欠陥である。行進中に何も持たない役の者は腰に手をあてて進み、高御座の後に式中立っているときにも同様（これは全員）の姿となる。このときに笏をもっていないと全くさまにならない。式中、総理の万歳三唱に和して我々も三唱するが、この時、笏を持っている侍従長などは笏は体の中央にかまえる。持っていない者は、持っているかの如く両こぶしを体の中央にもってき〔て〕三唱するというのだから笑わせる。小生は余りばかばかしいから、こぶしは腰にあてたままの姿勢で低く三唱した。
（4）諸役は古風ないでたち、両陛下も同様、高御座、御帳台も同様。それに対し、松の間に候する者のうち三権の長のみは燕尾服・勲章という現代の服装。宮殿全体は現代調。全くちぐはぐな舞台装置の中で演ぜられた古風な式典。参列者は日本伝統文化の枠とたたえる人もいたが、新憲法の下、松の間のまゝ全員燕尾服、ローブデコルテで行えばすむこと。数十億円の費用をかけることもなくて終る。新憲法下初めてのことだけに今後の先例になることを恐れる。
（裹帳＝即位式のときに高御座の御帳をかかげること）

11月17日（土曜日）

大嘗祭習礼。今日初めて大嘗宮を見る。仲々立派だが14億円とはとても考えられない。

11月22日（木曜日）

大嘗宮の儀・悠紀殿供饌の儀（注）。18：26〜21：14（これより約15分おくれ）。

束帯に着替え、4時半近く。5時20分ころ西口からバスで楽部へ行く。洋楽練習室で待機し、5時50分に陛下は楽部から大嘗宮廻立殿に御着になり、小忌《オミ》御湯（潔斎）。お服あげの後6時26分廻立殿お発でいよいよ悠紀殿の儀が始まる。侍従長始めお供の者は6時に楽部を出て廻立殿雨儀廊（屋根付渡り廊下）にお出ましを待つ。万端整い準備よしの合図をまって小生が廻立殿の扉を外からノックし、その旨を内部に伝え、陛下廻立殿お発となる。小生は侍従長のあとを随従。脂燭役2人が剣璽（2列）の前を行くが薄暗く足元がおぼつかない。ただ履物はなく襪《シタウズ》（足袋様）だけだから歩き易い。小生のすぐあとは皇太子殿下と男子皇族全員。皇后陛下も少しおくれて廻立殿をお発になり、陛下が6時半に悠紀殿にお入りになった直後に帳殿にお入りになる。皇后陛下は女子皇族が供奉。陛下が悠紀殿にお入りになると、剣璽及びお裾の侍従は同殿の西側簀子《スノコ》に出て坐り陛下のお帰りを待つが、このあと2時間40分の間この3人だけで待機するのは大変だからというので、他のお供の侍従6人も3人ずつ組んで20分ずつ交替で簀子に坐る。風は殆どなく、冷えこみもまだそれほどでない。供奉の我々は皇族の着床される悠紀殿南庭の小忌の幄舎で皇族の後方に着床するが、数個の石油の暖房は腰板だけの幄舎では殆どきかない。采女、掌典の内部における神饌供饌の儀の終るのを待つ間庭燎の明りだけがともされ、神秘的な雰囲気をかもし出す。約15分おくれで終り、9時40分ころ陛下は楽部にお帰り。我々は装束のまま弁当（伊豆榮のうなぎ弁当）を食べ、次の主基殿の儀をまつ。（前記練習室）

（大嘗宮の儀・悠紀殿供饌の儀の説明は11月23日の注に記述）

11月23日（金曜日）

大嘗宮の儀・主基殿供饌の儀（注）。0：26〜3：14（これより約15分おくれ）。

悠紀殿の儀終了後、陛下は一旦宮殿にお戻りになり（モーニングで）、皇后陛下と萩の間でお食事（皇后陛下は上記帳殿で6時40分すぎ御拝礼になってすぐ帳殿から廻立殿にお帰りになり、お召替のあと、7時半すぎ宮殿にお戻りになっている）。その後11時ころ楽部におでまし（皇后陛下は11時半ころ楽部へ）。陛下は0時26分廻立殿お発で主基殿の儀が始まる。配役は悠紀殿の儀と異なり、小生は璽。夫々の所作は前と全く同じ。ただ璽であるため陛下の楽部から廻立殿へのお出ましから（11時45分）お供し、廻立殿内での御潔斎、お服上げの間ずっと廻立殿にいて準備整うまで待つ。

小忌の幄舎での着床のときと主基殿西の簀子に候しているとき、先の同様のときより冷え込み一段ときつく西風も少し吹き、かなり寒い。

予定より15分くらい遅れ3時40分ころ楽部に戻る。すぐ背広に着替え、陛下、皇族のお帰りをまって後楽部を出て4時20分ころ庁舎に戻り、4時半近く吹上にゆき裏口から入り、二階の候所（南側）に着く。心配した心臓の工合もさしたることなく終る。

朝7時半すぎ田中氏（主基殿の儀には配役なく悠紀殿の儀終了後吹上に泊る）に電話で起こしてもらい、8時すぎ朝食（洋風弁当）をすませる。8時半に田中氏と一緒に車で東京駅に下がる。昨夜の当直は中村氏。3時間足らずしか寝ていないので頭が重い。これで今回諸儀のうち最大の難所を乗り切った。

（大嘗宮の儀・悠紀殿供饌の儀、主基殿供饌の儀＝皇位継承に伴う重要祭祀である「大嘗祭」は、即位した天皇が初めて行う新嘗祭で、皇居・東御苑に設営された大嘗宮で中心儀式「大嘗宮の儀」が行われた。大嘗宮は悠紀殿と主基殿などの建物で構成され、大嘗宮の儀はその二つの建物を舞台に、22日午後6時半から「悠紀殿供饌の儀」、23日未明から「主基殿供饌の儀」が執り行われた。いずれの儀式でも、白い絹地の祭服を着た天皇陛下が、ご飯やお酒などを皇祖神はじめ神々に供えた後、お告文を読み、自らも食べて国・国民の安寧と五穀豊穣を祈った、とされる）

11月24日（土曜日）

大饗の儀（注）には剣璽が陛下の右脇に安置される。モーニングコート、ローブモンタント。小生お供で出席。悠紀、主基両地方の産物の紹介があったが、主基地方（大分県）の産物の「キューイフルーツ」に諸員笑う。席には白酒黒酒、御飯、昆布、御膳など予め置かれてある。天皇のお言葉、代表者の奉答のあと宴始まる。両地方の風俗舞、五節舞などあって終る。赤坂にお供し、剣璽と共に御所二階までお供。音楽の間で両陛下の御会釈あり。皇居庁舎に戻る。

（大饗の儀＝大嘗祭の後、宮殿で24、25日の2日間、催された祝宴）

11月26日（月曜日）

東京駅11時54分発の臨時ひかり号で伊勢市へ。早朝ゲリラ（注）で新幹線は午前5時45分ごろ新横浜駅近くの線路沿い斜面で爆発があり。午前8時すぎ上下線とも復旧した。女官、式部官長、総務課員など、その他衣紋方も多数50～60名くらい（合計）。先に列車に乗車。両陛下は9号車2階。小生は八木侍従と共に8号車2階で剣璽の番人。ここには車輌両端に各1名の側衛のみ。16輛編成。午後1時45分名古屋駅着、近鉄に乗換。剣璽は楠本〔祐一〕、佐藤〔和寿〕侍従がもつ。濃紺の合成皮革製のケースに入っている。両陛下は一旦御休所にお入りになったが、途中奉迎の人波に時々お立止り、あるいは進行の列をはずして人々にお応えのお手振り。我々は近鉄特別車に先着乗車。宇治山田駅から剣璽は名古屋駅同様の予定のところ、佐藤氏が外宮検分のため急に小生が替りに璽を持つことになり、楠本氏と宇治山田着の直前に御料車輛2号車に安置の剣璽のところにゆく（我々は1号車）。剣璽は両陛下のすぐ後ろから下車し、内宮斎館（行在所）まで御料車の直後について特別車で宇治橋を渡りゆく。禰宜の人が一人みえて説明をきいた。例えば我々の手水の仕方は口をすすぐことなく、一杯のひしゃくの水を3回手に注ぐだけの神宮方式をすることになった。

（早朝ゲリラ＝この日午前5時45分ごろ、東海道新幹線新横浜駅から1キロ離れた線路わきで爆発があって側壁が崩れ、コンクリート片が線路上に散乱した。神奈川県警は天皇、皇后両陛下の伊勢神宮行きを妨害する過激派によるゲリラ事件と断定した）

11月27日（火曜日）

豊受大神宮（外宮）に親謁の儀。陛下は内宮行在所から外宮行在所までモーニングでおいでになる。剣璽も。小生は璽を持ち、剣は八木侍従。行在所（外宮斎館）から板垣南御門外までは陛下はお馬車にお乗り。それに剣璽をお乗せして馬車のすぐ後を進み、裾、笏、鞋の侍従などがそのあとに従う（剣璽の侍従は剣が左側、璽が右側と2列になる）。菅蓋と綱、それにお手水の侍従（1人）は門の所に先着。お馬車のお乗り降りに時間がかかる。お笏を一々受取り、差しあげたり、踏台を馬車後部に立つ側衛が設除するなど簡単にはいかない。履物の浅沓《ぐつ》は大きくて足に合わないので（11文〔約26・5センチ〕くらいという）、ぬげそうになり、特に帰り（下り）の階段の時は苦労する。又行在所から板垣南御門までの（6分余りの）砂利道は小粒の砂利が沓の中に入り足が痛い。

11月28日（水曜日）

皇大神宮（内宮）に親謁の儀。昨日の外宮の時と同様に進み御拝になったが、内宮は板垣南御門から正殿まではゆるい昇り坂になっており、又、板垣南御門のところが左に彎曲しており20段くらいの階段となっているので歩きにくい。特に帰りは大きな浅沓が階段でぬげそうになるとともに段を踏み外しかねないので、持っている璽より足もとに注目することに懸命になる。皇后陛下もそのあと御拝になって、両陛下お召替のあと神宮の神馬を行在所車寄横で御覧。御昼食後、秋篠、高円両殿下同妃殿下も神馬を御覧になってお帰り。なお、御昼食は池田祭主（注）、両宮同妃殿下と御一緒に御会食。色々なことがあったがこれで即位関係の我々の分担する諸儀が終り大役が滞りなく終って肩の荷がおりた。過激派の妨害も儀の進行にまで影響することなく終ったことは御同慶の至りである。赤坂の侍従は、即位の礼の習礼のときから時間刻みの各担当グループの配役行動表を何回も改訂を繰り返しながら伊勢行幸啓まで多量に作って配布したことは、さぞ大変な作業だったことと、問題点はあったものの御苦労なことだったと思う。

（池田祭主＝池田厚子祭主。昭和天皇の第四皇女。幼名は順宮《よりのみや》。昭和27年に元公爵池田宣政氏の長男、池田隆政氏と結婚し、岡山に移った。皇女が都を離れるのは江戸時代末期の仁孝天皇

の第八皇女・和宮以来といわれた。昭和63年から平成29年まで伊勢神宮の祭主を務めていた）

12月6日（木曜日）

賢所に親謁の儀、皇霊殿・神殿に親謁の儀。即位の礼などすべて終了したことを御報告する御親拝。此方の侍従は全く関係ない。

賢所御神楽。これで即位に伴う一連の儀式・祭礼はすべて終了した。両陛下も大変お疲れのことと思われる。特に皇后陛下が心配される。午前に親謁の儀のあと皇后陛下は貧血?で御気分悪くなられ、侍医をお呼びになったが、あいにく皇太后宮の侍医（高木侍医長）は御散策のお供をしており、駄目で、赤坂から侍医がかけつけたという。

12月11日（火曜日）

御即位奉祝歌詠進数。皇族は三笠宮と寛仁親王のお二人は詠進されず。皇族12首、長官部局長9、側近奉仕者30、月次詠進者10等。一般詠進３５５首（内訳は国内３４４１、点字21、海外93）。一般の府県別では東京都の３７６首を最多に沖縄の１首まであり、鳥取の7首も目立って少ない。官報には一般の３５００首のみ発表され都道府県別数は公表されない。

12月18日（火曜日）

昭和天皇御服衣品の整理。安楽、田中、卜部氏に前に内舎人だった斎藤〔昭治〕殿部（皇太后職）と平田補佐（同前）が加わり、斎藤殿部のまとめた資料（一覧表）を基に検討し、11時ころから宮殿地下の御服所にゆき、現物を見ながら取捨選択をした。小生は宮殿から参加。背広、礼服、オーバー、天皇服、水着、御運動服、乗馬服等150着くらい。そのうち50着くらい選ぶ。最終的にどうするかはいずれまた検討する。

12月23日（日曜日）

天皇誕生日。先帝陛下の側近は格別の仕事もないので、卜部氏を除いて、田中氏、小林は午後の侍従職全員の祝賀（赤坂は別に行かれる）だけ出る。

祝賀。午後4時5分、桂の間。侍従職の皇居に勤務する侍従、事務室、殿部、仕人全員、桂の間に集り、両陛下4時5分ころお出まし。安楽侍従次長（兼任）が代表してお祝詞を申しあげ、ついで陛下から日ごろ御苦労のおことばあり。ついで予め用意（一列に並んだ職員の間の卓上に酒をついだ盃を置いた）した盃を持ち、両陛下には殿部が盃をさしあげ、内舎人（赤坂）が祝酒をお注ぎし、両陛下と職員が盃をあげた。両陛下はそこから直接吹上の皇太后さまに御挨拶においで。

安楽氏は本職が皇太后大夫であるから、吹上で両陛下をお迎えすべきところ、この桂の間での祝賀には出るべきではない。吹上は中村参事にまかせて、侍従職職員の祝賀に出てお祝詞を申しあげることはいささか筋違いというべきである。

平成3年

1月17日（木曜日）

多国籍軍イラクを攻撃。葉山から還幸啓。御予定より2時間ほど早く0時半ころ御所にお帰り。多国籍軍のイラク攻撃が始まったため。

2月7日（木曜日）

退職（注）につき侍従長より正式に通知あり。午後、侍従長に呼ばれ（田中氏と個別に）、3月末をもって定員上辞めてもらうしかないからと。これですっきりした。侍従長自身については、一緒に辞めたいが色々あってそうもいかなくてすまないといわれた。侍従長外部から松永〔信雄〕元駐米大使をとのうわさもあるが、内部から侍従次長昇格の動きもあるらしく仲々結論が出ないらしい。

（退職＝小林氏はこの年3月末で侍従職を退職し、4月から侍従職御用掛になった）

2月22日（金曜日）

お相伴12：00〜13：30。赤坂御所御食堂。お招きの趣旨がも一つはっきりしないが、即位の大礼関係の御慰労か。最初前席で5分くらいお話（食前酒）後席につく。大嘗祭、即位礼のこと、伊勢神宮御拝のこと、装束のことなど苦労話。戦争中何処に居たかなど。後席では赤坂のお庭のこと、ツグミ、キジ、ネズミ多し、カラスのことなど。

2月24日（日曜日）

立太子の礼（注）饗宴の儀が今日昼と夜と行われるので、特に昼は総理以下閣僚が出席することになっているが、ブッシュ大統領が正午から声明を出すというのに、湾岸戦争が地上戦に突入した状況のもとで外務大臣（注）など呑気に飲んでいてよいものか。

（立太子の礼＝2月23日に31歳の誕生日を迎えた皇太子さまが、皇太子の地位に就いたことを天皇陛下が改めて内外に表明する立太子の礼が皇居・宮殿で行われた。24、25の両日は披露宴に当たる「宮中饗宴の儀」が3回にわたって開かれた）

（外務大臣＝中山太郎外務大臣）

3月13日（水曜日）
秋篠宮妃殿下御懐妊、宮内庁発表、今日夕。皇太子殿下のお妃選びも何かといわれよう。

3月26日（火曜日）
侍従職御用掛のこと。侍従長から呼ばれ、昭和天皇御遺物の整理はなお十分でなく、特に、顕忠府にある戦前（中）の書籍など手づかずのものなど、この際整理しなければもうできないかもしれないということで、長官、次長から陛下まで御了承で、我々侍従3人が1年間、侍従職御用掛としてそれらの整理に当ってほしいといわれた。

4月10日（水曜日）
御府〔顕忠府〕で井関〔英男〕書陵部長、米田〔雄介〕編修課長、百田〔和男〕図書課長、平林〔盛得〕図書調査官に先帝御遺品の図書をみてもらい、今後の整理の段取りなど相談。書陵部に引きとってもらうような貴重なものは殆どないようだが、もう少し丁寧にみてもらうため、都合よい日をまた連絡するからということになった。

4月16日（火曜日）

ソ連ゴルバチョフ大統領来日。宮中晩餐あり。ソ連建国以来、元首が来日してきたのは今回が初めてという。ソ連の現状が極めて困難な政治的、経済的状況なのに敢えて大統領が来日する意味とか、北方四島返還交渉がどうなるかなど報道華やか。

4月26日（金曜日）

顕忠府の書籍整理。侍従職御用掛として昭和天皇の御書籍を整理する仕事を始めてする。

9月18日（水曜日）

両陛下東南アジア御訪問（注）阻止の過激派の闘争・攻撃。当局の入手した情報によると、昭和天皇の側近だった我々も目標の中に入っているというので、田中氏のところにその対策のため川越署から係官が明日来るという。

（両陛下東南アジア御訪問＝天皇陛下は即位後初めての海外訪問として、皇后さまと共にこの年9〜10月、タイ、マレーシア、インドネシア3カ国を訪問した）

11月13日（水曜日）

顕忠府整理。アルバム類と東宮関係（少し）を除いて、今日で一応区切りをつけた。

12月25日（水曜日）

書陵部の昭和天皇の事情聴取。昭和天皇実紀を15年（?）計画で作成するため、側近に仕えた者から陛下のことについてきいて記録をとっておくという。米田編修課長が色々質問してそれに答える形で行われた。さして重要なことが我々から出るものでもあるまい。

平成4年

3月6日（金曜日）

昭和天皇御所蔵書籍の整理結果の報告書（中間）（2月28日現在）を侍従長に提出した。

4月1日（水曜日）

人事異動。御用掛、田中、卜部、小林の3人の委嘱期間が今日から更に1年間、来年3月末まで延期となった。

4月7日（火曜日）

江沢民中国総書記宮中午餐。公賓。昨日の宮沢〔喜一〕総理との会談で天皇陛下の訪中が正式に要請（注）されたが、総理は真剣に検討する旨答えたという。夏までに結論を出すというが、天皇の政治的利用の色彩が濃く、今の中国状勢では訪中はよくない。政府、党内でも両論あるという。宮内庁長官の対応が見ものだ。

〈訪中が正式に要請＝中国からたびたび要請を受けた宮沢喜一内閣が天皇の中国訪問を決め、

この年の10月に天皇として初めての訪中が実現した）

10月20日（火曜日）

皇后陛下お誕生日。皇族の祝賀の際（単独）両陛下というのはいかがなものか。皇后陛下お一人がよいのでは（四長官や元皇族（列立）は皇后陛下のみ）と寛仁殿下のお尋ねが樋口氏にあり、それについて我々の意見をききたいとのことで色々話した（中村氏のくる前）。我々の意見ではお一人がよいと思うが、何事もできるだけお揃いでというのが平成流だから、いずれにしても手塚〔英臣〕事務主管にお尋ねのあったことを伝え、その意見、説明をお答えとするのがよいと話した。

平成5年

1月6日（水曜日）

皇太子妃決まるの報道。夜の8時45分から各テレビ局は一斉に皇太子妃内定のニュースを流し始めた。数年前に候補者の一人として話題を集めながら、御本人が断ったということで立ち消えになっていた小和田雅子さん。外交官としてバリバリの人。相当な決断で別世界に入ることをきめたものと思われる。外交官として身を立てるべく活躍してきたのだから、断念するにはそれなりの重大な決心がなければならないが、父娘共に外務官僚であり、父は次官の立場でもある。外交官の先輩から膝詰めで決断をせまられれば到底断わり切れないだろう。あたら英才を籠の鳥にしてしまうのはいかにも残念だが、皇太子の幸せのためには止むをえないのか。

1月19日（火曜日）

皇室会議。皇太子殿下と小和田雅子さんとの御結婚が会議で決定された。御両人の記者会見約20分。仲々几帳面に長々と質問に答えていたのは流石だが、苦悩の末の決断だったことを示すものと思う。別にあった御両親の記者会見で、父親の「色々ありましたが…」という苦渋に満ちた、よどみ勝ちなあいさつに、娘と小和田家のこれからの苦労や負担を考えると気が重いということがよく表われていた。

3月31日（水曜日）

侍従職御用掛退職（注）。10時前に長官から退職の辞令をもらう。

午後2時、宮殿鳳凰の間、両陛下お揃い。陛下から「御苦労でした。皇太后陛下のこと宜しく、からだを大切に」と、皇后陛下からはない。

（侍従職御用掛退職＝小林氏は侍従職御用掛を退職し、4月1日から皇太后宮職御用掛に就く。香淳皇后の側近職員としての異動）

4月12日（月曜日）

皇太子殿下、納采の儀。お妃教育やら御親族の夕食会やら、本来納采の儀のあと行わるべきものと思われる行事が先行してしまっている。納采の儀が如何に形式的なものかよくわかるが、もっととっくに行わるべきこと。

4月17日（土曜日）

警視庁。両陛下の沖縄御訪問（注）（23日〜26日）に関連して、宮内庁関係者の家に危害を加えるという過激派の動きがある中で、捜索押収資料の中に小生と東園〔基文〕元掌典長の名があがっているとかで、巡査部長が私服姿でやって来た。

（両陛下の沖縄御訪問＝植樹祭開催に合わせ、天皇として初めての沖縄訪問。迎えたのは革新系の大田昌秀知事だった）

6月9日（水曜日）

皇太子結婚式。テレビの放送が、局によっては朝6時から夜まで行なって各局とも結婚式一色。少しはしゃぎすぎ。両殿下の皇居—東宮仮御所のパレードは雨天ならオープンカーは取止めるとのことだったが、直前になって雨があがり、沿道をうめた17万の人達を喜ばせた。過剰警備が目立ったが、少し混雑で怪我人が出た程度でさしたることもなく終った。妃殿下の洋装がよく似合った。

6月22日（火曜日）

秋篠宮邸前を通ったが、門前の車庫前に同宮妃殿下がお子さんをつれ運転手とお話ししておられたので、おじぎをした。全く普段着のスラックスにTシャツという姿で、最初は妃殿下とは気づかないほどだった。

6月24日（木曜日）

侍従長にサンデー毎日特別号（御成婚関係）の記事―小生の叙勲辞退―について聞かれる。最初、小生から経緯を説明。皇太后宮職の引間庶務係長から4月半頃、旭三の叙勲となるが受けますかとのことだったので、まだ非常勤ながら出勤しているから辞退する旨答えた。ト部氏から同様の電話があったので、真意は、長い間お仕えしお世話になった昭和陛下からなら喜んでお受けするが、殆どお仕えしていない現陛下からは受ける気にならない、と伝えた。

10月20日（水曜日）

皇后陛下お誕生日祝賀。皇后陛下は今朝10時半ころ赤坂御所で宮殿へのお出まし前に急にお倒れになった。始め意識も薄れていたが、間もなく回復されたが祝賀行事は御欠席で、天皇陛下のみ祝賀をお受けになった。皇后陛下は御昼食もおとりになって通常の御生活に戻られたが、ただお声は出るが言葉が出ない状態（注）という。前記側近奉仕の祝賀の前に事務主管から一同に説明があった。

（言葉が出ない状態＝当時、週刊誌などで皇后さまを批判する記事が相次いで掲載されていた。そうした報道へのご心労から、皇后さまはこの日から声が出なくなる心因性の失声症となり、回復まで数カ月を要した）

10月23日（土曜日）

行幸、第48回国体（徳島、香川両県）。皇后陛下はその後もなお言葉が出ない状態が続いているので、大事をとっておいでにならず、天皇陛下のみ御臨席・ご視察。皇后陛下は21日に宮内庁病院で、東大の神経内科の教授の立会でCTスキャンなどの検査を受けられたが脳には異常が見当らず、3週間以内で治る見通しと。肉体的精神的の疲労、ストレスがひどいと起きる症状で、これが3週間以上続くようだと一種の脳梗塞だという。それにしても国体へのお出まし中止（注）の発表が、昨日の夜11時とはどういうことか。御容態からいってお出ましは好ましくないことはテレビで専門家が口をそろえていっているのだから、早く発表すべきだった。尤も庁内にお出になることも却って御気力の充実の上でよろしいのではという医師がいたというが、言葉が出ないことをスタイリストの皇后陛下がどれほど気にするか、そのストレスを何と考えるのだろう。

（国体へのお出まし中止＝第48回国民体育大会が徳島、香川両県で開かれ、天皇陛下が一人で23～27日に両県を訪問）

11月10日（水曜日）

両陛下、豊かな海づくり大会に御臨席のため、先週6日から愛媛、高知両県に行幸啓のところ、今夕5時すぎ還幸啓。言葉が出なくなった皇后陛下は、今回は御旅行が却って好転に役立つかもしれないからとおいでになった。地方で盛んな歓迎をお受けになり、懸命に努めておいでの様子が連日テレビで放送されたが、矢張りかなりお疲れではないか。今回のお出ましは却って悪化するかもしれないとの心配もあったと思われるので、お帰り後、どのようになるか当分注目されよう。

12月8日（水曜日）

両陛下、皇居の新しい御所にお引越。名称は「御所」。剣璽御動座と両陛下、紀宮殿下が同じ車列で行われた。問題なのは、御所御車寄から御所内にお入りになるお列をテレビで見ると、陛下が先頭でそのあとに剣、次に璽、そのあとに皇后陛下、終りに紀宮殿下であった。剣は陛下より前でなければならない。恐らく、赤坂御所を御出発のときも同じ順序だったろう。新嘗祭におけるお列も剣のあとに陛下と決まっている。吹上御所を陛下と剣璽がお発ちになるときも同じである。侍従が平服で奉持していたのも気になる。モーニングにすべきだ。両陛下と紀宮殿下は御所で御少憩の後、葉山御用邸に御静養のため行幸啓。

12月10日（金曜日）

午後3時すぎ吹上へ。庁舎旧侍従室など荷物が廊下に一杯出ており、模様替などこれからしい。女官候所で北白川女官長（注）に8日の剣璽御動座のお列のことを問題としたところ、井関〔英男〕大夫も同じことをいって、調べたところ、昭和天皇崩御直後の剣璽等承継の儀のあと、宮殿から赤坂御所への剣璽御動座のときも陛下が先頭で剣、璽と続いたという。この例にならって、8日も同様の順にしたという。平成流と簡単に片づけるには余りに重大な変更であり、後日問題となろう。

（北白川女官長＝北白川祥子皇太后宮女官長。平成27年に死去）

12月11日（土曜日）

皇后陛下言葉をお出しになると宮内庁発表。昨日、金沢東大名誉教授（注）の診断（葉山で10日夜）があり、2日に単語を、10日には簡単な文をささやき声でおっしゃれるようになったとのこと。この発表を11日の夜中（0時半ごろ）にしたのだから驚く。総務課など関係者は今朝と夜中に大変だったらしい。10日夜もっと早く、発表すべきもの。宮内庁の対応相変らず。

（金沢東大名誉教授＝金沢一郎東大教授の誤記。後の皇室医務主管、平成28年に死去）

12月12日（日曜日）

剣璽御動座の件。夜、当直の田中氏に8日の御動座の際、剣が陛下のあとだったことについて意見をきいたところ、確かに順としては剣が陛下の先にゆくべきだが、剣、璽ともに移動用の鞄に入れて運んでいるので、正規のお列ではないという考えから、剣が陛下のあととしたのだろうとのことだった。それなら、両陛下なり紀宮殿下のあとにしたらどうかと思うが、それまで格下げにできず中途半端な形になったと思われる。1月7日の吹上から赤坂への御動座のときも、同様の考えから剣璽が陛下のあとになったのではと田中氏はいっていた。しかし、鞄に入れようが剣、璽に変わりはないのだから、この扱いには疑義がある。

12月23日（木曜日）

天皇誕生日。午後2時から宮殿で旧側近奉仕者、松栄会（注）会員の両陛下祝賀があるので、午前中吹上候所にいる。10時ころ一旦庁舎にモーニング着替のために往復。12時半ころ田中氏がモーニング着替に吹上にきて、斎藤氏と3人で弁当（支給）をたべる。その間11時半から皇太后陛下に皇太后宮職職員の祝賀が吹上であり、12時から両陛下が皇太后陛下への御挨拶のため吹上に御参になった。小生は祝賀に出たが、両陛下お帰りの際にも出ず。午後2時から連翠で両陛下への祝賀（列立）あり。小生、田中、卜部氏も御前には出ず、オードブルなど食べる。3時近く退庁。午前中3回一般参賀。午後は庁舎前で一般の記帳。昨年より多くの人出と。

（松栄会＝戦前の宮内省、戦後の宮内庁の旧部局長ら幹部の会）

平成6年

5月26日（木曜日）

葉山御用邸に行く。皇太后さんの午後の御散策はない。葉山においでになってから連日御散策なさったので、時にはお休みになった方がよいというので今日はなさらない。

6月27日（月曜日）

井関氏から昭和天皇宛の私的なお手紙（皇族さんからのもの）は保管されているかどうかについてきかれた。全く見たことはないから皇太后さんのお手許ではないかと伝えた。ついでに昭和天皇の図書類、御学業関係書類の整理保管状況について、目録を示して説明した。

7月2日（土曜日）

皇太后陛下の那須御用邸御滞在は今夏はおとりやめと宮内庁発表。新聞によれば、91歳という御高齢でお疲れ易くなっているので、3時間の所要時間は御負担が大きいからという。

午後3時ころ吹上に出る。直後、八木侍従から明日午後3時に両陛下が皇太后さんのところに伺いたいが御都合はどうかとの電話あり、明朝までに御返事をとのことだった。奥の当直は福永さんで、早速連絡したところ、女官長や明日当直の小野女官の意向をきいてからとのこと。ところが女官長は法事のため夜まで連絡できず。斎藤〔誠治〕参事も外出、会合のため夜まで駄目というので、結局明朝まで結論が出ないことになった。

7月3日（日曜日）

両陛下、紀宮殿下、吹上大宮御所に御参、午後3時。9時少し前に八木侍従に電話した。今朝井関大夫から電話あり（2回）、両陛下御参の件は「どうぞお出下さい」ということになった。皇太后さんの御気先がよいのに、臣下の都合でお断りもできないということ。金曜日中に御参の有無は連絡してほしいものだ。

12月31日（土曜日）

皇太后さんは、今すぐどうということはない御様子。いつまで御用掛が続けられるのか、小生の健康もそれほどの不安はない状態が続いている。

平成7年

3月6日（月曜日）

皇太后陛下お誕生日。昨日からお発熱で、祝賀行事はお取り止め。

4月22日（土曜日）

皇警情報として、今日、オウム教団が持っているといわれて見つからない無線操縦飛行機によって、皇居、新宿、渋谷、池袋など繁華街上空からサリンがまかれるという噂が流れているから窓をあけないようにとのこと。先週15日にも何かあると噂が流れたが、誰が流すのか怪しからぬこと。

8月15日（火曜日）

秩父宮妃殿下御容態。宮内庁病院に御入院後、一時は先月末前後が心配されたが持ち直されたものの、次第に悪い方に進んでいる御様子。しかし、あと1週間くらいは何とかとのこと。

8月25日（金曜日）

秩父宮妃勢津子殿下（注）御薨去。午前11時28分。於宮内庁病院。平田〔英勝〕参事から12時ころ電話で通報があった。夕方、平田参事から電話あり、明日午後3時に両陛下が皇太后陛下に故妃殿下の御薨去につきお悔みを申しあげるため吹上におみえになるので、井関大夫が出勤し、モーニングでお迎えするとのこと。小生もモーニングでお迎えすることにする。

（秩父宮妃勢津子殿下＝外交官で参院議長を務めた松平恒雄の長女。昭和天皇の直弟に当たる秩父宮の妃。結核を長く患っていた秩父宮が昭和28年に亡くなってからは一人暮らしだった。結核の予防に尽力した）

平成8年

1月1日（月曜日）

10時少し前に側近（御用掛も）一同お談話室に参列。全員16名。皇太后陛下お出まし（お車椅子）。井関大夫がお祝詞。続いてお居間で順次、先帝陛下お写真に拝礼。

2月2日（金曜日）

徳川義寛前侍従長逝去、89歳。午前11時、東大病院。昭和天皇に側近として半世紀に亘ってお仕えしたが、これでお上の最晩年を知る唯一人の長老もいなくなってしまった。7日に葬儀。

5月9日（木曜日）

皇太后陛下お写真、報道機関に発表。先月お撮りした室内（お談話室）とお庭でのお写真を（宮内庁嘱託のカメラ（NHK））発表した。これまで行啓時のカーテン越しのものなど良いものがなかったので、この際広く国民に真のお姿をみてもらった方がよいとの考えでなされた。痛々しいお姿だからと賛成しない考えもあったらしいが、敢えて決断された。

平成9年

9月6日（土曜日）

元ダイアナ妃の葬儀（注）は国民葬ともいえる特異な方式で行なわれた。各国要人など参列。日本からは駐英大使のみ。テレビ各局、中継放送。皇太子同妃両殿下に出席招待があったが、断った。諸般の事情から皇族の出席はしないと決めたという。欧州の王族は出席しないこと、国葬でないことが理由らしい。しかし、欧州王族でもスペインなどは出席したとの報道もあり、出席しなかった国には招待状自体が出されなかったという。ダイアナと私的に親しかった王族だけに招待状が出されたという。理由はともあれ、日本は皇太子、秋篠宮、三笠宮（寛）は留学もしているし、ダイアナは三度来日し皇室とは親しい関係にあったのだから、浮名も多く、離婚しているとはいえ、誰か皇族が—皇太子妃か秋篠宮か紀宮か、出席すべきではなかったか。テレビで評論家は誰もが批判的である。

（元ダイアナ妃の葬儀＝チャールズ英皇太子と離婚したダイアナ元妃がこの年8月31日、パリ・セーヌ川沿いのトンネル内で交通事故に遇い死去した。9月6日にロンドンのウエストミンスター寺院で「国民葬」が営まれた。日本政府は皇族の参列を見送った）

平成10年

4月18日（土曜日）

両陛下、紀宮殿下、御参。3時～3時20分。紀宮さん今日お誕生日のためお長服の御正装で、両陛下と御一緒にお車で御参。小生御先導。ただ特別の御挨拶はなく、お居間で御対面。井関大夫が4時から宮殿でお祝いの茶会があるからついでにと吹上にも見えて、お三方に御挨拶。

平成11年

5月25日（火曜日）

葉山御用邸。御散策、午後2時55分―3時25分。日差しが強く、気温もかなり高そうだが湿度は低いようだ。南庭においで（お車椅子）になったが、途中〝たん〟がからんだせきをなさったので、いつものコースを半分ほどで切上げる。何事もなかった。

平成12年

3月6日（月曜日）

皇太后陛下お誕生日、満97歳。側近奉仕者祝賀、午後2時55分、お談話室、井関大夫お祝詞言上。皇太后陛下御血色よく、少しお動きあり。

※香淳皇后はこの年の6月16日に逝去した。小林氏は平成13年6月まで皇太后宮職御用掛を務めた。

解説対談

小林忍日記を読む

半藤一利（作家）
保阪正康（ノンフィクション作家）

保阪　昭和天皇を知る上で、重要な史料が新たに発見されました。昭和49年4月1日から、侍従として昭和天皇に仕えた故・小林忍氏による日記です。27年にわたって手帳に綴られたもので、昭和天皇の肉声や宮中の人々の息遣いが聞こえてくる生々しい記述であふれています。

半藤　平成の御世も終わりに近づく中で、昭和天皇に関してこれまで知られていなかった日記が出てくるとは考えもしませんでした。いまや昭和天皇研究の基本書となった『昭和天皇独白録』が、平成2年に『文藝春秋』に掲載されて以降、堰を切ったようにさまざまな日記や史料が世に出てきました。平成26年には、宮内庁が『昭和天皇実録』（以下、『実録』）を完成させたことで、昭和天皇に関する史料はすべて出揃ったと思っていたんです。ですから、「小林日記」の存在を聞いたときは、「えっ！　本当かい」と思わず聞き返してしまいました。

保阪　私も同感です。まさかこのような第一級史料が、まだ眠っていたとは思いもしませんでした。しかも、この「小林日記」は、『実録』を編む際の参考資料として利用されていなかったそうですから、二重の驚きです。

昭和天皇の側近たちは、それぞれ日記や回想録を残しています。私が調べたところでは、侍従や内大臣、侍従武官、宮内庁長官など35人以上はいます。特に戦前、戦中の記録は非常に充実しています。牧野伸顕（内大臣）による『牧野伸顕日記』、木戸幸一（内大臣）による『木戸幸一日記』、さらに小倉庫次《くらじ》（侍従）の「小倉庫次侍従日記」、藤田尚徳の『侍従長の回想』など、昭和天皇と戦争の時代を活写した記録は数多く世に出ています。あの戦争に昭和天皇がどのように関わったのか、あるいは関わらなかったのか、誰もが何らかの形で残そうとしたのでしょう。

半藤　戦後を扱った日記には、木下道雄（侍従次長）の『側近日誌』や三谷隆信の『回顧録　侍従長の昭和史』、また、昭和9年から60年まで50年にわたって昭和天皇に仕えた入江相政（侍従長）の『入江相政日記』などが刊行されています。ところが、最晩年の昭和天皇の側近たちの日記となると極端に少なくなる。

保阪　そうなんです。私は昭和天皇に仕えた侍従たちを何人も取材しましたが、みな何かしらのメモや日記をつけていると言っていました。ところが最晩年の関係者の日記や回想録になると、世に出ているのは、卜部亮吾（侍従）による『卜部亮吾侍従日記』、富田朝彦（宮内庁長官）による「富田メモ」、中村賢二郎（侍従）の『吹上の季節』など数点しかありません。その一つが見つかったことは、大いに価値があります。

さらに加えるなら、小林さんは幹部ではない一侍従だったことが重要です。決定権を持たない侍従が日常的に接している昭和天皇の生の声やその行動を記していて、素顔が伝わる描写が多いのです。また、宮中の日常の人間関係、たとえば、侍従と女官たちのやり取りや侍従内での申し送り事項などが書かれていることも特徴です。『卜部日記』や「富田メモ」は、それぞれ侍従職事務主管、宮内庁長官という幹部職員として見聞きしたものですから、ずいぶんと雰囲気が違ったものだという印象を受けました。

半藤 小林さんは能吏といいますか、非常にきちんとした性格の方だと思いました。最晩年の昭和天皇が、戦争責任や靖国問題をどのように考えておられたのかがわかる記述に出会えればと思い、丁寧に読みました。私はこの日記が、今、見つかったことに大きな意味があるように思えます。昭和から平成への時代の変化を思い出してもわかるとおり、天皇が代わることで日本は大きく歩みを変えてきました。お代替わりとは、それほど私たちに影響を与えるものです。そして今、日本人は平成から新しい時代に変わる真っ只中にいます。その時に、日本のあり方が変わった瞬間を追体験することは重要ですし、歴史を学ぶ意味はここにあると思います。

保阪 同感です。小林さんは昭和天皇が崩御されてからは、皇太后に仕え、引き続き宮中にいました。平成の時代を先帝の側近はどのように見ていたのかにも注目しながら、私も日記を読み進めました。

天皇訪米と涙

半藤 「小林日記」の最初の読みどころは、昭和50年の昭和天皇の訪米ですね。私もよく覚えていますが、この訪米の前後は昭和天皇が太平洋戦争をどのように捉えているのか、という点に日米両国の民草の関心が集中していました。小林さんは、この訪米に同行はしていませんが、帰国後の昭和天皇について重要なことが書かれています。

保阪 昭和天皇はフォード米大統領との晩餐会の席で、太平洋戦争を「私が深く悲しみとする、あの不幸な戦争」と表現しました。帰国後に行われた記者会見で、その発言を踏まえた上で、戦争責任についてどのように考えているのか、との質問が飛び出します。このとき昭和天皇は、「言葉のアヤについては、私はそういう文学方面はあまり研究もしていないので、よくわかりませんから、そういう問題についてはお答えできかねる」とお答えになって、大きな話題となりました。

半藤　当時、この言葉を聞いた直後は、私も「そのような言い方はないのでは……」と思ったものです。実際、メディアはこぞってこの発言を問題にしました。詩人の茨木のり子さんも実に見事な批判の詩をつくっています。活字というのは非常に恐ろしいもので、昭和天皇のこのご発言は、あの戦争をどこか他人事のように考えているように、聞こえてしまうんですね。

保阪　同じ会見で、原爆に関しても「広島市民に対しては気の毒であるが、やむを得ないこと」とご発言しています。昭和天皇は非常に純粋な人で、言葉を修飾したり、同じ内容でも少し表現を変えるようなテクニックを知らなかったのではないでしょうか。そう考えると、「文学方面はあまり研究もしていない」という言葉も、正直にお話しをされただけともいえます。

半藤　天皇の戦争責任について、誰もが納得するような答えを昭和天皇本人に求めても、答えるのは非常に難しかったのではないでしょうかね。あの戦争が起こった大日本帝国憲法下においては、政治を司る「天皇陛下」としても、軍事を司る「大元帥陛下」としても「無答責」、つまり戦争責任はないことになる。ただし、私個人は「大元帥陛下」としては戦争責任はあったのではないか、とは思うんです。つまり開戦責任はない。しかし、戦争がはじまってから、前線の兵士たちは「天皇陛下万歳」といって死んでいったのですから、戦争に「法的な責任はない」と一言で言い切ってしまうのは心情的に難しい話です。おそらく、昭和天皇ご自身は法的な責任と心情的な責任を区別して考えていたのでしょう。つまり、戦争責任は法的にはない、あるとするならば、心情的、つまり心の問題、「文学」的な問題だ。しかし、それは自分には答えようがない、と。昭和天皇が敢えて「文学」と表現したのも、今になってみると理解ができるような気がします。

保阪　戦争責任に関しては非常に難しいところですね。昭和天皇は、太平洋戦争の開戦の詔勅の文言を修正させ、最後には署名をしています。ここまで明確に開戦に関係したにもかかわらず「責任はない」と言ってしまうと、普通は世の中が回らなくなります。私の見るところ、昭和天皇ご自身は、皇祖や国民に対してある種の戦争責任を感じているし、申し訳ないと思っている。けれども、国民の誰もが納得する形で責任を取ることは法的にできないし、そもそも責任を取りたくても取ってはいけない、と固く信じていたのだと思います。仮に「戦争責任がある」などと発言すれば、天皇の存在が危機に陥るとすら考えていたのではないでしょうか。

一方で、明晰な方ですから、国民がそのことをどう思っているかについて、常に気にかけておられた。昭和天皇にとって、この問題は常に悩ましいことだったようです。小林さんの日記には、入江相政侍従長から聞いた話として、このような記述が出てきます。〈御訪米、御帰国後の記者会見等に対する世評を大変お気になさっており、（中略）御自信を失っておられる〉〈お上の素朴な御行動が反ってアメリカの世論を驚異的にもりあげたことなど具体的につぶさに申しあげ、自信をもって行動なさるべきことを縷々申しあげたところ、涙をお流しになっておききになっていたと。〉（昭和50年11月22日）

涙を流しながら話を聞いていたというのは重い描写ですね。

半藤　これほど昭和天皇が、世評というか国民の気持を気にして自信をなくしておられたとは驚きです。天皇とはこういう立場なのかと改めて思い知らされました。昔、入江侍従長からこんな話を聞いたことがあります。戦後の巡幸で東北に行ったときに、小さな女の子が遺骨を差し出したそうです。それを見た昭和天皇の頬がひくひくと動いていた。入江さんは、「これは泣いておられる姿」なのだと教えてくれました。

保阪　昭和天皇は戦前の帝王学を受けて育ちました。人前で涙を流すのは、そのイロハのイに反することです。そういった感情を自制することが現人神である天皇の存在そのものだった。それでも、限られた場面で涙を流しておられたのでしょう。『実録』では、

「涙」の表現が出てくるのは2箇所だけです。乃木希典の自刃を知ったときと、終戦後に陸軍が解散することになった際です。涙に関する記述は、人間・昭和天皇がどのような感情を持っていたのかを知る上で、貴重な箇所だと思います。

半藤　小林さんの日記にも『実録』にも出てきませんが、実は、昭和天皇の在位60年のときにも涙を流されているんです。このお祝いの席を文藝春秋のカメラマンが撮影しているのですが、写真をよく見ると、昭和天皇の頰を涙が伝っていた。元軍国少年だった私など、それまで、天皇が人前で涙を流す姿を想像したこともありませんでしたから、今でもその衝撃を記憶しています。そして、そのときいらい、私は戦争責任論を口にするのはやめにしました。

二・二六事件への想い

保阪　戦前の出来事としては、特に二・二六事件について、深い関心を持ち続けられていたようです。毎年、広島と長崎の原爆の日などとともに、2月26日はお慎みの日として、ご公務を入れていませんでした。

〈2・26事件の当日に当るので宮殿にお出ましなし。〉（昭和51年2月26日）とあるように、小林さんの日記には、毎年のように、この日はお慎みの日で公務がないことが記されています。斎藤実（内大臣）、渡辺錠太郎（陸軍教育総監）、高橋是清（蔵相）といった「股肱の臣」が、亡くなったことへの哀悼という意識が強かったのでしょう。今の天皇陛下と皇太子が二・二六事件の日に、岩手県へスキーに行くことを好ましく思っていなかったと小林さんは書いています。

〈毎年おつつしみであるが、東宮、浩宮両殿下が今日から28日まで岩手県八幡平にスキーにお出かけになるので、このような日に出発するとは慎しみが足りない。しかも暗殺された斎藤実は岩手県出身でもあるというお気持が強い。〉（昭和63年2月26日）

「慎しみが足りない」というのは小林さんの言葉ですが、「お気持が強い」という言葉もあることから、昭和天皇の思いを代弁していると考えてよいでしょう。

半藤　二・二六事件が起こったときに、昭和天皇は軍服を着て表御座所にお出ましになり、すぐさま鎮圧を命じています。最も大元帥らしく振舞った瞬間だと言ってもいいでしょう。侍従武官だった本庄繁の『本庄日記』に、叛乱軍への天皇の怒りが克明に記されています。「朕が最も信頼せる老臣を悉く倒すは、真綿にて、朕が首を締むるに等しき行為なり」と。その時の気持ちは終生変わらずお持ちだった。自身の危機は日本そのものの危機だった、それで二・二六事件を政治的事件ではなく軍事問題として、大元帥として軍服に身を固め毅然として処理された。それだからこそ今でも毎年慎みの日にしているのだ、とお考えになったのかもしれません。

保阪　しかし、残念なことに「事件があの戦争へとつながる第一歩だった」などという歴史を俯瞰したような言葉は記述されていませんね。

半藤　昭和天皇は帝王学が行き届いていて、第三者の視点から歴史を客観的に勉強することはできなかったのかもしれません。自分はあくまでも歴史の主人公の一人であり、昭和史も常に自分に引きつけて考えておられた。ニューズウィーク誌が昭和50年に行った昭和天皇への単独インタビューの記事にこんなことが書かれています。

「――人生において、誰から大きな影響を受けられたか。

いうまでもなく、私は多くの人々に会い、そうした人々から影響を受けてきました。しかし、誰から最も影響を受けたかを指摘するのはとてもむずかしい。歴史上の人物から選べといわれても、その人の子孫に影響があるかもしれませんから、ためらいます」

昭和天皇は、歴史上の人物の子孫に対してまでも自身の発言の影響を意識してしまう方だったのですから、自分が体験した昭和の時代を客観的に分析することはできなかったのでしょうね。

天皇の靖国参拝問題

保阪　戦後に仕えた侍従の日記からは、昭和天皇が靖国参拝を取り止めたことについてさまざまな形で言及がありました。有名なところでは、「富田メモ」の「A級が合祀され、その上、松岡、白取（鳥）までもが」「だから私あれ以来参拝していない。それが私の心だ」「合祀を受け入れた松平永芳は大馬鹿」と書かれ、A級戦犯が公式参拝への妨げになっていることが明白となりました。

半藤　それ以前にも『入江日記』や『卜部日記』でも靖国神社の話は詳しく出てきましたから、昭和天皇がA級戦犯の合祀をきっかけに靖国神社の参拝を取りやめたことは間違いないでしょう。このあたりの事情は、側近たちの共通認識になっていたはずです。しかし、小林さんの日記には、残念ながら詳しく出てこない。唯一といっていいのは、天皇の崩御のあと、元侍従長の徳川義寛さんから聞いたという話です。

〈最も問題となるのはむしろ松岡、広田の文官（非軍人）が入っていることである。また特に松岡は日米開戦の張本人ともいうべきもの〉（平成2年8月21日）

これは徳川さん個人の考えというよりも、昭和天皇のお考えじゃないでしょうかね。徳川さんの残した『侍従長の遺言』などを読んでいると、歴史問題などで非常に深く昭和天皇から話を聞いていたことがわかります。靖国についてやり取りする中で、昭和天皇と同じ考えを持つに至ったと考えても、おかしくはありません。

保阪　靖国神社は他の誰でもない天皇のために亡くなった人たちをお祀りする場所です。そこに「行かない」と決断するのは、天皇自身の強烈な意志がなければできません。側近たちがどうのこうの言っても、昭和天皇の考えを変えることはできません。

もう一つ小林さんの日記から読み解くべきなのは、昭和天皇は人を見て会話をしていたという点です。つまり、靖国問題、戦争責任などの政治的な機微に触れる「外」の案件は、入江、徳川両侍従長や富田長官など、然るべき立場の人間を召し出して話をしている。逆に、小林さんのような一般の侍従には、自然な会話の流れで政治問題に触れることもあるけれど、普段はしない。基本はプライベートな趣味の話や皇族のことなど「内」の案件しか話してはいない。この使い分けは、昭和天皇を理解する上で非常に重要です。

「長生きするとろくなことがない」

半藤　日記全般を通して読むとわかりますが、戦後、昭和天皇は戦争責任についてずっと考えつづけておられた節があります。昭和55年5月27日の中国の華国鋒首相との引見についての記述を見てみましょう。

〈陛下は日中戦争は遺憾であった旨先方におっしゃりたいが、長官、式部官長は今更ということで反対の意向とか。〉

これなど、昭和天皇の戦争への総括の表明を、周りが押し留めようとする姿がよく見てとれますね。『実録』を読んでみても、華国鋒との面会で日中戦争に触れたとの記述はありませんから、最終的に公式な場で発言はなさらなかったのでしょう。長官や式部官長が反対したのは、昭和53年に鄧小平副首相（党副主席）が来日した際の引見で、昭和天皇が「両国の長い歴史の間には一時不幸なできごとがあった」とすでに発言をしておられたからではないでしょうか。それで「今更」という言葉になった。

保阪　自分の考えを繰り返し中国の首脳に伝えようとする昭和天皇と、「一度言ったのだから、もう十分だ」と考える側近たちとの温度差を感じますね。

半藤　昭和天皇は、戦時中から日中戦争を否定的に見ていました。太平洋戦争中に、小倉侍従たちに「支那事変はやり度くなかつた（中略）自分の得て居る情報では、始めれば支那は容易のことでは行かぬ」（「小倉侍従日記」昭和17年12月11日）と語っています。この気持ちが、戦後もずっと頭の中にあったのだと思います。

保阪　戦争への思いは、年を重ねても色褪せることはなかったようですね。それが一番よく現れているのは、昭和62年4月7日の記述です。すでに高齢で体調を崩しがちだった昭和天皇に、側近たちは公務の見直しを繰り返し進言しています。しかし、昭和天皇は簡単に承知しません。そして、小林さんに対して本音を語っています。

〈仕事を楽にして細く長く生きても仕方がない。辛いことをみたりきいたりすることが多くなるばかり。兄弟など近親者の不幸にあい、戦争責任のことをいわれるなど。〉

これまでも『卜部日記』や中村侍従の『吹上の季節』で、このような趣旨の発言があったことは記されていました。しかし、すべて小林さんからの伝聞でしかなかった。今回当事者の記述によって、事実が確定したことは大きいと思います。

半藤　私もびっくりしました。昭和62年といえば、ちょうどバブル景気の頃です。日本人の誰もが戦争責任の「せ」の字すら忘れていました。しかし、皇居の奥では、昭和天皇が一人、懊悩しておられたのだとよくわかりました。昭和天皇は、生涯を通してあの戦争に向き合い続けていたのでしょう。

保阪　この発言の直前の2月に弟の高松宮が亡くなっています。これが、昭和天皇には相当ショックだったようですね。「兄弟など近親者の不幸」とは、まさにこのことを指していますしかし、メディアに登場しては、自分が戦争を止めたなどと「平和主義者」であったことを強く主張する弟宮に、昭和天皇は忸怩たる思いも持っていました。

半藤　高松宮が昭和50年と翌51年に、二度にわたって『文藝春秋』に登場し、皇室観や戦前・戦中を回顧した「高松宮かく語りき」「皇族団欒」という記事が出たのが原因ですね。これを読んだ昭和天皇は、珍しく感情をあらわにして怒っているんです。入江侍従長を繰り返し呼び出しては、不満を述べています。入江さんの日記には、こんな記述があります。

「(高松宮は) 御自分は根つからの平和論者であり、太平洋戦争を止めたのも自分であるといふ意味のことが書いてある。これがお上は非常にお気に入らず、実に数へ切れない程度々お召しがあつた。」(『入江日記』昭和51年年末所感)

昭和20年1月に昭和天皇を退位させ、東宮を新天皇にして高松宮を摂政にするというひそかな計画がありました。そのことをのちに知ることになった昭和天皇は、戦後も長きにわたって高松宮の言動をあるいは厳しくチェックしていたのではないでしょうか。

保阪　小林さんは、そういった兄弟間の微妙な空気については書いていませんでした。むしろ、昭和天皇が病床の高松宮のもとを幾度となく訪ねて一緒に過ごし、容態の悪化にしたがって心身ともに疲れ果てて体調不良になっていく姿が描かれています。

半藤　晩年になって感情に変化があったのかもしれません。自分の地位を脅かすライバルではなく、苦楽を共にした肉親だと考えるようになられてもおかしくはありません。

昭和天皇のノート

保阪　昭和天皇のプライベートなことで言えば、生物学御研究所（御生研）での植物研究に関する話や皇居内での散策中に植物を愛でる話は、繰り返し出てきますね。中には、御覧になった植物図鑑のミスを指摘する場面もあります。

〈お上から「原色日本野外植物図鑑」の「たちかもめづる」説明中の分布図参照の頁に、

分布図がのっていないのは、ミスプリントかどうか献上者の佐藤人事院総裁にそれとなくきくようにとのおおせ。〉(昭和49年4月21日)

これなど、植物に関する本を相当熱心に読んでおられたことがわかる記述です。それにしてもミヤママコナ、マルバダケブキなど次々と植物の名前が出てきますね。昭和天皇とコミュニケーションを取る上で植物の知識も必要だったわけで、侍従たちも大変だったんじゃないですかね(笑)。

半藤　昭和天皇は植物の研究者として大変な見識がありました。侍従たちも本格的に勉強しておかなければ会話もままならなかったのかもしれませんね。私なんか、読みながらただただ敬服するのみでした(笑)。

ところで私が非常に気になったのは、昭和天皇が何か書き物をしておられる姿を小林さんが見て、日記に書き残した箇所です。

〈お上はお机に向い、日記らしきものをおつけになっておられた〉(昭和51年1月1日)

これがもしかして昭和天皇の日記なら、とんでもない発見なのですがね。

保阪　以前から私も直筆の日記には興味があって、侍従だった岡部長章さんに尋ねたことがあります。「多分、陛下は書いておられない。私たちも付けるなと言われています」

と説明されました。実際、昭和天皇も卜部侍従に大正10年の欧州訪問の頃まではつけているが、その後はつけていないと話していたようです。しかし、小林さんの日記の一文を読むと、想像をたくましくしてしまいます。

半藤　ノンフィクション作家の奥野修司さんが、最近「昭和天皇の極秘『家計簿』」（『文藝春秋』平成30年12月号）という記事を書いています。この記事の中に、「内廷会計歳出予算概算要求書　侍従職」（昭和44年、45年の2冊）と題された資料が引用されています。

保阪　内廷費とは、天皇家や東宮家の使うお金のことですね。

半藤　それによると1冊3300円の〈ノート　3冊〉を〈別注文、革表紙〉にして注文している。記事に登場する宮内庁関係者の証言によれば、この革張りのノートは昭和天皇のノートだというんですね。この予算請求は小林さんの目撃談の6、7年前のことです。すると、小林さんが見た「日記らしきもの」というのは、このような形の特注の革表紙のノートに昭和天皇が何かを書いていたという可能性が出てきます。

保阪　ますます内容が気になってきますね。小林さんの日記には、昭和天皇御遺物として「御日誌」があったと書かれている（平成元年4月12日の記述）。どうも、侍従日誌とは違うようですし、昭和天皇の日記のことを指しているのではないでしょうか。

半藤　そう言いたいところですが、まあ、断言は避けておきましょう。もしかしたら、平成の次の時代にひょっこりと出てくるのかもしれませんね。

読んだことのないタイプの日記

保阪　ここまでは、小林さんが昭和天皇に仕えた時代を詳しく見てきました。最後に平成になってからの記述を見ていきましょう。小林侍従は、昭和天皇の崩御のあと、皇太后付きの侍従になって宮中での仕事を続けました。新天皇の即位の礼に関して、非常に厳しい指摘をしているのは象徴的ですね。

〈諸役は古風ないでたち、両陛下も同様、高御座、御帳台も同様。それに対し、松の間に候する者のうち三権の長のみは燕尾服・勲章という現代の服装。宮殿全体は現代調。全くちぐはぐな舞台装置の中で演ぜられた古風な式典。〉〈新憲法の下、松の間のまゝ全員燕尾服、ローブデコルテで行えばすむこと。数十億円の費用をかけることもなくて終る。新憲法下初めてのことだけに今後の先例になることを恐れる。〉（平成2年11月12日）

半藤　新しい天皇には東宮時代から仕えている別の侍従が付きますから、先帝の侍従だった小林さんの立場は大きく変わります。以降の日記を見ていると、たとえば、新天皇の誕生日にはこんなことが書かれています。

〈先帝陛下の側近は格別の仕事もないので〉(平成2年12月23日)

少し寂しげに見えてくるんですね。小林さんの変わらない昭和天皇への忠誠心とともに、新天皇と自分は余り関係ないという、少し離れた感情が見てとれたのも印象的です。小林さんは、叙勲の話があったときも断り、こんな一文を書き残しています。

〈長い間お仕えしお世話になった昭和陛下からなら喜んでお受けするが、殆どお仕えしていない現陛下からは受ける気にならない〉(平成5年6月24日)

私はこの一文を読んだときに、二君に仕えずという言葉が、宮中にはまだ生きていたんだ、と驚かされました。

保阪　代替わりのときに、宮中に漂う人間的な空気を小林さんは実に丁寧に書いています。東宮御所から来た侍従が新天皇に仕えるわけですが、儀式の段取りなどでとまどうことが多かったようで、そのことへの苦言も散見されます。

この日記を読む我々が注意しなければいけないのは、昭和の終焉と平成の終焉が大きく違うことです。昭和は天皇の崩御によって終わりましたが、平成は天皇の退位によって終わることです。2019年は4月と5月で宮中の空気が一変するでしょうが、現天皇が上皇としてご健在なわけですから、どういった形に落ちつくのか非常に興味深いですね。平成30年11月、秋篠宮さまが、新天皇の大嘗祭を国費ではなく内廷費で賄うべきだと主張したものの「(宮内庁は) 聞く耳を持たなかった」と発言して、大きな波紋を広げました。代替わりを控えて、前例踏襲と新しい皇室のあり方を巡る綱引きが宮中で行われている様子を垣間見ることができました。

半藤 そういったものを書き留めてくれる侍従がいればよいのですが、昭和と平成で侍従の存在も随分変わりましたからね。昭和天皇の時代は、それこそ戦前の空気を知っているような長きにわたって仕えた侍従も多かった。しかし、いまの侍従は、役所の人事異動の一環で、たまたま宮中で働いているという場合が多い。2、3年もすれば元の役所に戻ったり定年退職していくから、陛下の「股肱の老臣」というのは望むべくもない。

保阪 「仕える」ではなく「仕事の一つ」という意識が強いように感じますね。

半藤 小林さんはちょうど、その端境期にいた侍従であったと考えることもできます。入江さんや徳川さんのように華族出身で長く仕えた侍従は、ある意味人生が天皇と一体化していた。しかも、現人神としての天皇観を持ったまま戦後も仕え続けた。しかし、小林さんは大正12年生まれで一兵卒として召集された経験もあります。人事院の役人から侍従になったために、老侍従のような戦前の天皇観を持っていないし、コロコロ人事異動で代わるような今の侍従とも違う。そのような立場だからこそ、ある種の「畏れ」を持たずに昭和天皇の病状なども淡々と記し、さりながら昭和天皇の「臣下」としての矜持も人一倍持っていた。

保阪　小林さんは、与えられた場でその現状に合った仕事を淡々とこなせる人ですね。ここまで冷静に昭和天皇の最期を綴った人がいたことは、日本国憲法施行以降の天皇像の変遷を考える上でも貴重な史料になるのではないでしょうか。

半藤　確かに、リアリスティックに天皇を描いた点において重要な日記ですね。私も保阪さんも、侍従の書いたものをたくさん読み、実際に侍従に会って取材もしてきました。その中には彼のようなタイプはいませんでした。天皇からある種の距離をもった小林さんのような人が日記を残してくれたことで、我々の持っている昭和天皇像が厚みを増したように思います。

（聞き手・「小林忍日記」取材班・軍司泰史）

あとがき

小林忍氏の日記を最初に目にしてから今夏で2年、ようやく日記の新書版の発行にこぎつけることができた。日記に凝縮された昭和天皇の素顔の重みを改めてかみしめている。

共同通信が日記の内容を報じたのが平成30（2018）年8月だったことは、既に触れた。その後、歴史家の半藤一利氏やノンフィクション作家の保阪正康氏をはじめ社内外の友人から「詳しい内容をまとめてはどうか」という話が寄せられた。新聞報道は紙面上限りがあり、その日のニュースで終わってしまう。「貴重な昭和後半史」を「歴史」にとどめておきたいという思いが、自分の中にもあったので出版を決めた。

再び日記を手にすると、取り上げるべき内容の取捨選択だけでなく、虫眼鏡で拡大しなければ読めない小さな字や宮中内外の詳細な記述を読み解くのが、壁となった。小林家のプライベートの記述もあるが、もちろん盛り込まなかった。エッセンスを取り上げたという点を読者の方には了解していただきたい。

代替わりを控え多忙な中での作業だった。取材班の同僚の労をねぎらうとともに、わたしたちを支え背中を押してくれた文藝春秋の大松芳男氏、前島篤志氏、水上奥人氏に謝意を伝えたい。当初から日記の分析に当たり的確なアドバイスをくださった半藤氏、保阪氏にも深謝したい。お二人がいなければこの日記は世に出ることはなかっただろう。そして何より小林氏の遺族の方のひとかたならぬ理解と協力も支えだった。拝謝したい。

資料整理には上智大の八木陽一郎さん、早稲田大の藤沢緑彩さん、東京大の鈴木奏さんの協力も得た。陰で支えてくれた共同通信編集局や社会部の同僚たちにも感謝したい。

共同通信は47NEWSというサイトに「小林日記」の特設ページ「昭和天皇　素顔の27冊」を設けている。この書を手にウェブサイトも閲覧していただけると理解も深まるはずだ。

平成31（2019）年4月　共同通信社会部「小林忍日記」取材班・三井潔

小林忍遺族の謝辞

昭和から平成、平成から新たな時代を迎えるこの節目に、父の日記を公開できたこと、誠にうれしく思います。

父が日記をつけていたことは知っていましたが、私の転勤や病気があったため、その存在を、長い間確認することはできませんでした。そんな折、「文藝春秋」２０１６年9月号掲載の半藤一利先生と保阪正康先生との対談「天皇『生前退位』の衝撃」の中で、父についての記述があるのを目にし、日記の大切さに気づき、家の中で見つける機会となりました。

父は、昭和18年応召して学徒出陣し、大本営陸軍通信隊に配属となり、終戦を迎えました。日記と共に残されたノートには、旧制高校の多くの仲間が南方戦線に送られ戦死したこと、昭和20年3月10日の東京大空襲で、東京が火の海になり、地獄絵図そのものだったこと、戦死した友の遺品を遺族に届けに行ったとき、残された家族にかける言葉が出てこなかったことなどが、書き残されていました。

東京が焼け野原だったため、父は戦後、京都の大学に進みます。戦争で受けた心の傷を癒すため、奈良、京都の古寺巡礼をし、茶道、弓道を嗜み、その中で伝統文化に深い関心を持ち始めたのではと思います。その後、国家公務員となり、51歳を迎える年に人事院から宮内庁に異動となります。

侍従の仕事は、年初は出勤、5日に一度の宿直、行幸啓に伴う地方出張などきついことが多かったですが、やりがいはあったようで、とても生き生きとしていました。特に、古文、漢文が得意だった父にとって、京都での曝涼は、学生時代に慣れ親しんだ地で、宮中の昔の文書を読むことができるので、とても楽しみにしていました。

昭和天皇、香淳皇后や宮家の方々には、大変温かく接していただき、特に香淳皇后は、とても側近思いで、行幸啓の際には度々、女官長を通じて、お土産をお配りになっていたと聞いています。

父は、家で仕事の話しをすることは殆どありませんでしたが、今回確認できた日記などの資料から、宮中の仕事にひたすら打ち込む父の姿を、初めて如実に感じることができました。本来であれば、55歳定年で終わるところを78歳まで働き、昭和天皇、香淳皇后の側近としてお支えできたことは、国家公務員として、とても充実していたと思います。

最後になりましたが、日記の検証や出版にご尽力いただいた、半藤一利先生、保阪正康先生、共同通信社の取材班の皆様、文藝春秋の担当者の皆様に心より感謝、御礼申し上げます。

小林忍遺族　長男

春の園遊会に招かれた小林忍氏と妻の文子さん（平成２年、遺族提供）

小林忍氏略歴

こばやし・しのぶ　大正12（1923）年4月28日、静岡県吉原市（現富士市）出身。旧制姫路高校時代の太平洋戦争中、召集され、陸軍航空部隊で基地間の通信などを担い終戦を迎えた。京都大学法学部政治学科で学び、同大大学院を経て昭和24（1949）年4月に人事院に入った。内閣に設けられた憲法調査会の事務局などを経て昭和49年4月に宮内庁入りし、昭和天皇の侍従になった。昭和天皇の死去後の一時、現天皇陛下の侍従を務めた後、香淳皇后の側近として仕え、香淳皇后死去翌年の平成13（2001）年6月まで皇太后宮職御用掛を務めた。平成18年7月3日に83歳で病死した。妻（故人）との間に1男。

昭和天皇の略歴と関連年譜

明治

34（1901）年4月29日　皇太子（大正天皇）の長男として誕生

45年7月30日　明治天皇死去（『昭和天皇実録』では29日）。皇太子に

大正

10（1921）年3月3日～9月3日　初の欧州歴訪。英国など5カ国を公式訪問

11月25日　大正天皇の病状回復せず、摂政に就任

12年9月1日　関東大震災発生

13年1月26日　良子女王（香淳皇后）と結婚

15年12月25日　大正天皇死去、天皇に即位。即日、昭和に改元

昭和

3（1928）年11月10日　京都で即位礼。14～15日に大嘗祭

6年9月18日　満州事変の発端、柳条湖事件発生

7年5月15日　五・一五事件

8年3月27日　国際連盟脱退を通告

12月23日　皇太子（現天皇陛下）誕生
11年2月26日　二・二六事件。速やかな鎮圧を命令
12年7月7日　北京郊外で盧溝橋事件が発生、日中全面戦争に
16年12月1日　御前会議で米英などとの開戦決定
8日　真珠湾攻撃で太平洋戦争開戦
20年3月10日　東京大空襲、皇居内でも火災
6月23日　沖縄戦終結
8月6日　広島に原爆投下
9日　長崎に原爆投下。ソ連参戦
10日　天皇の地位存続を条件に、御前会議でポツダム宣言受諾案を支持
14日　御前会議で無条件での同宣言受諾を決定
15日　戦争終結の詔書をラジオで「玉音放送」
9月27日　連合国軍総司令部（GHQ）のマッカーサー元帥を初訪問
21年1月1日　新日本建設に関する詔書「人間宣言」発表
2月19日　神奈川県を訪問。戦後の地方巡幸開始
11月3日　日本国憲法公布。記念式典に出席
23年12月23日　東条英機元首相らA級戦犯7人絞首刑。皇太子15歳誕生日

27年4月28日　サンフランシスコ講和条約発効、日本の独立回復。沖縄などは米国の施政下に
31年12月18日　日本が国際連合加盟
34年4月10日　皇太子が結婚
35年2月23日　浩宮（現皇太子）誕生
39年10月10日　東京五輪で開会を宣言
43年6月26日　米国から小笠原諸島返還
45年3月14日　大阪万国博の開会式に出席
46年9月27日〜10月14日　天皇として初の外遊で英国など欧州歴訪
47年2月3日　札幌冬季五輪で開会を宣言
5月15日　東京都内で開かれた沖縄復帰記念式典に出席
49年4月1日　人事院から小林忍侍従が着任
50年9月30日〜10月14日　初の米国訪問
61年4月29日　在位60年の記念式典出席
62年4月29日　86歳の誕生日祝宴で嘔吐
9月22日　十二指腸から小腸にかけてのバイパス手術。後日、膵臓の悪性腫瘍と診断。宮内庁は病名を「慢性膵炎」と発表
28日　10月の沖縄訪問中止を発表。「思はざる病となりぬ沖縄をたづねて果さむつと

めありしを」と心情を歌に
63年4月28日　富田朝彦宮内庁長官に、靖国神社のA級戦犯合祀に不快感示す
8月15日　全国戦没者追悼式に出席。公式行事出席は最後に
9月19日　大量吐血
64年1月7日　87歳で亡くなる。宮内庁は病名を「十二指腸乳頭周囲腫瘍（腺がん）」と初めて公表。翌8日平成に改元

平成

元（1989）年2月24日　昭和天皇の大喪の礼
3年4月1日　小林侍従が侍従職御用掛に
5年4月1日　小林侍従職御用掛が皇太后宮職御用掛に
12年6月16日　皇太后が亡くなる
7月10日　香淳皇后と追号
13年7月1日　皇太后宮職廃止

（敬称略）

皇室の構成（昭和、平成）

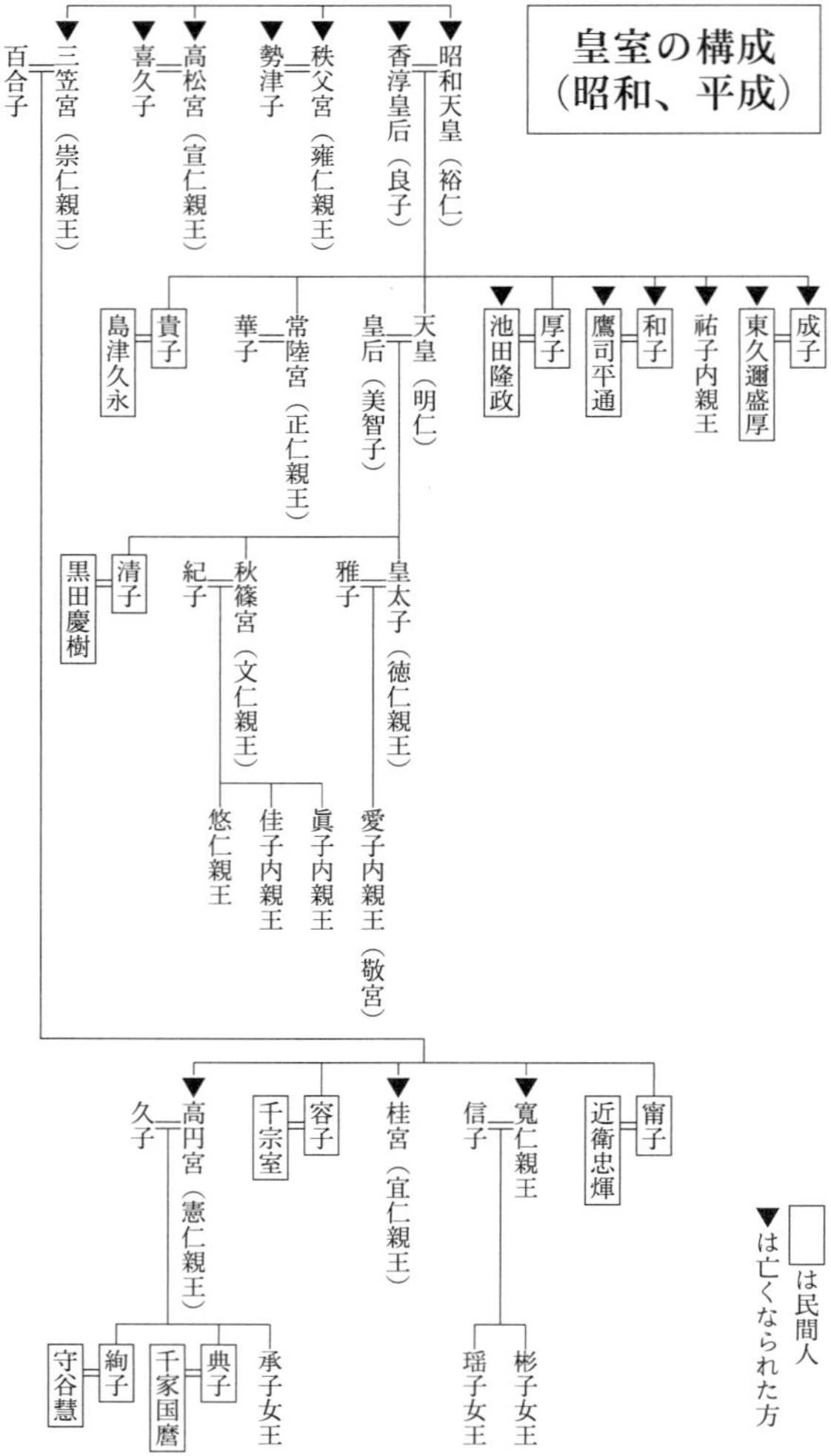
昭和天皇（裕仁）
香淳皇后（良子）
秩父宮（雍仁親王）
勢津子
高松宮（宣仁親王）
喜久子
三笠宮（崇仁親王）
百合子
成子
東久邇盛厚
祐子内親王
和子
鷹司平通
厚子
池田隆政
天皇（明仁）
皇后（美智子）
常陸宮（正仁親王）
華子
貴子
島津久永
皇太子（徳仁親王）
雅子
秋篠宮（文仁親王）
紀子
清子
黒田慶樹
愛子内親王（敬宮）
眞子内親王
佳子内親王
悠仁親王
甯子
近衛忠煇
寛仁親王
信子
桂宮（宜仁親王）
容子
千宗室
高円宮（憲仁親王）
久子
彬子女王
瑶子女王
承子女王
典子
千家国麿
絢子
守谷慧
□は民間人
▼は亡くなられた方

関連官職一覧（カッコ内は在任期間）

【内閣総理大臣】
田中角栄（昭和47年7月7日〜49年12月9日）
三木武夫（49・12・9〜51・12・24）
福田赳夫（51・12・24〜53・12・7）
大平正芳（53・12・7〜55・6・12）
鈴木善幸（55・7・17〜57・11・27）
中曽根康弘（57・11・27〜62・11・6）
竹下　登（62・11・6〜平成元・6・3）
宇野宗佑（平成元・6・3〜元・8・10）
海部俊樹（元・8・10〜3・11・5）
宮沢喜一（3・11・5〜5・8・9）
細川護熙（5・8・9〜6・4・28）
羽田　孜（6・4・28〜6・6・30）
村山富市（6・6・30〜8・1・11）
橋本龍太郎（8・1・11〜10・7・30）
小渕恵三（10・7・30〜12・4・5）
森　喜朗（12・4・5〜13・4・26）

【宮内庁長官】
宇佐美毅（昭和28・12・16〜53・5・26）
富田朝彦（53・5・26〜63・6・14）
藤森昭一（63・6・14〜平成8・1・19）
鎌倉　節（平成8・1・19〜13・4・2）

【宮内庁次長】
瓜生順良（昭和28・12・18〜49・11・26）
富田朝彦（49・11・26〜53・5・26）
山本　悟（53・5・26〜63・4・13）
藤森昭一（63・4・13〜63・6・14）
宮尾　盤（63・6・14〜平成6・3・31）
鎌倉　節（平成6・4・1〜8・1・19）
森　幸男（8・1・19〜12・3・31）
湯浅利夫（12・4・1〜13・4・2）

【侍従長】
入江相政（昭和44・9・16〜60・9・29）
徳川義寛（60・10・1〜63・4・13）
山本　悟（63・4・13〜平成8・12・12）
渡邉　允（平成8・12・12〜19・6・15）

【侍従次長】
徳川義寛（昭和44・9・16〜60・10・1）
安楽定信（60・10・1〜平成3・3・31）
※元・1・11からは皇太后宮大夫兼侍従次長
重田保夫（平成元・1・11〜7・3・31）
八木貞二（7・4・1〜11・3・31）
石藤守雄（11・4・1〜15・3・31）

共同通信社会部「小林忍日記」取材班

軍司泰史　1984（昭和59）年、共同通信入社。編集委員。外信部で欧州、中東を担当したほか、編集委員としてメディア、現代史などを担当した。

三井　潔　1990（平成2）年、共同通信入社。社会部担当部長。皇室のほか、紛争と平和構築やインテリジェンス問題、東南アジアを主に担当した。

大木賢一　1990年、共同通信入社。社会部編集委員。皇室のほか、大阪府警や警視庁で事件などを担当した。著作に『皇室番　黒革の手帖』（宝島社新書）がある。

坂口　貴　2003年、共同通信入社。社会部宮内庁キャップ。皇室のほか、事件や事故、裁判を取材し、奈良支局で文化財も担当した。

山口　恵　2005年、共同通信入社。社会部記者。皇室のほか、医療問題や東日本大震災の被災地取材を担当した。

斉藤範子　2008年、共同通信入社。社会部宮内庁担当記者。東京地・高裁や東京都庁を担当したほか、オウム真理教による一連の事件の取材も続ける。

志津光宏　2012年、共同通信入社。社会部宮内庁担当記者。和歌山、静岡両支局で行政や防災、原発を担当した。

文春新書

1211

昭和天皇《しょうわてんのう》　最後《さいご》の侍従日記《じじゅうにっき》

2019年（平成31年）4月20日　第1刷発行

著　者　小林忍＋共同通信取材班
発行者　飯窪成幸
発行所　株式会社 文藝春秋

〒102-8008　東京都千代田区紀尾井町3-23
電話（03）3265-1211（代表）

印刷所　理想社
付物印刷　大日本印刷
製本所　大口製本

定価はカバーに表示してあります。
万一、落丁・乱丁の場合は小社製作部宛お送り下さい。
送料小社負担でお取替え致します。

ISBN978-4-16-661211-6　Printed in Japan

◆日本の歴史

日本人の誇り　藤原正彦
古墳とヤマト政権　白石太一郎
天皇陵の謎　矢澤高太郎
謎の大王 継体天皇　水谷千秋
謎の豪族 蘇我氏　水谷千秋
謎の渡来人 秦氏　水谷千秋
女帝と譲位の古代史　水谷千秋
継体天皇と朝鮮半島の謎　水谷千秋
学習院　浅見雅男
天皇はなぜ万世一系なのか　本郷和人
日本史のツボ　本郷和人
藤原道長の権力と欲望　倉本一宏
名字と日本人　武光　誠
大名の日本地図　中嶋繁雄
貧民の帝都　塩見鮮一郎
中世の貧民　塩見鮮一郎

江戸の貧民　塩見鮮一郎
戦後の貧民　塩見鮮一郎
旧制高校物語　秦　郁彦
日本文明77の鍵　梅棹忠夫編著
元老 西園寺公望　伊藤之雄
山県有朋　伊藤之雄
日本のいちばん長い夏　半藤一利編
昭和陸海軍の失敗　半藤一利・秦 郁彦・平間洋一・保阪正康・黒野 耐・戸髙一成・戸部良一・福田和也
昭和の名将と愚将　半藤一利・保阪正康
「昭和天皇実録」の謎を解く　半藤一利・保阪正康・御厨 貴・磯田道史
あの戦争になぜ負けたのか　半藤一利・保阪正康・中西輝政・戸髙一成・福田和也・加藤陽子
昭和史の論点　坂本多加雄・秦 郁彦・半藤一利・保阪正康
大人のための昭和史入門　半藤一利・船橋洋一・出口治明・水野和夫・佐藤 優・保阪正康他
日本軍はなぜ満洲大油田を発見できなかったのか　岩瀬　昇
零戦と戦艦大和　半藤一利・秦 郁彦・前間孝則・鎌田伸一・戸髙一成・江畑謙介・兵頭二十八・福田和也・清水政彦
ハル・ノートを書いた男　須藤眞志
昭和の遺書　梯　久美子
硫黄島 栗林中将の最期　梯　久美子

指揮官の決断　早坂　隆
松井石根と南京事件の真実　早坂　隆
永田鉄山 昭和陸軍「運命の男」　早坂　隆
十七歳の硫黄島　秋草鶴次
司馬遼太郎に日本人を学ぶ　森　史朗
徹底検証 日清・日露戦争　半藤一利・秦 郁彦・原 剛・松本健一・戸髙一成
日本型リーダーはなぜ失敗するのか　半藤一利
児玉誉士夫 巨魁の昭和史　有馬哲夫
伊勢神宮と天皇の謎　武澤秀一
西郷隆盛の首を発見した男　大野敏明
孫子が指揮する太平洋戦争　前原清隆
日本人の歴史観　岡崎久彦・北岡伸一・坂本多加雄
新選組 粛清の組織論　菊地　明
21世紀の戦争論　半藤一利・佐藤　優
火山で読み解く古事記の謎　蒲池明弘
決定版 日本の剣豪　中嶋繁雄
日本株式会社の顧問弁護士　児玉　博
日めくり日米開戦・終戦　共同通信編集委員室

暴かれた伊達政宗「幕府転覆計画」　大泉光一
変節と愛国　浅海　保
大日本史　山内昌之・佐藤　優
オッペケペー節と明治　永嶺重敏
元号　所　功・久禮旦雄・吉野健一
皇位継承　高橋　紘・所　功
歴史の余白　浅見雅男
江戸のいちばん長い日　安藤優一郎
西郷隆盛と西南戦争を歩く　正亀賢司
邪馬台国は「朱の王国」だった　蒲池明弘
姫君たちの明治維新　岩尾光代
日本史の新常識　文藝春秋編
仏教抹殺　鵜飼秀徳
承久の乱　本郷和人
昭和の東京　12の貌　文藝春秋編
平成の東京　12の貌　文藝春秋編

◆文学・ことば

翻訳夜話　村上春樹・柴田元幸
翻訳夜話2　サリンジャー戦記　村上春樹・柴田元幸
漢字と日本人　高島俊男
日本語とハングル　野間秀樹
危うし！小学校英語　鳥飼玖美子
英会話不要論　行方昭夫
英語の壁　マーク・ピーターセン
漱石「こころ」の言葉　夏目漱石・矢島裕紀彦編
人声天語2　坪内祐三
大人のジョーク　馬場　実
すごい言葉　晴山陽一
名文どろぼう　竹内政明
名セリフどろぼう　竹内政明
「編集手帳」の文章術　竹内政明
凡文を名文に変える技術　植竹伸太郎
新・百人一首　岡井　隆・馬場あき子・永田和宏・穂村　弘選
弔辞　劇的な人生を送る言葉　文藝春秋編
易経入門　氷見野良三
ビブリオバトル　谷口忠大
劇団四季メソッド「美しい日本語の話し方」　浅利慶太
遊動論　柄谷行人
生きる哲学　若松英輔
超明解！国語辞典　今野真二
芥川賞の謎を解く　鵜飼哲夫
ビジネスエリートの新論語　司馬遼太郎
昭和のことば　鴨下信一
週刊誌記者　近松門左衛門　鳥越文蔵監修・小野幸恵

文春新書好評既刊

半藤一利・保阪正康
昭和の名将と愚将

責任感、リーダーシップ、戦略の有無、知性、人望……昭和の代表的軍人22人を俎上に載せて、敗軍の将たちの人物にあえて評価を下す

618

半藤一利
日本型リーダーはなぜ失敗するのか

日本に真の指導者が育たないのは帝国陸海軍の参謀重視に遠因がある――戦争の生き証人達に取材してきた著者によるリーダー論の決定版

880

半藤一利・保阪正康・御厨 貴・磯田道史
「昭和天皇実録」の謎を解く

初めて明らかにされた幼少期、軍部への抵抗、開戦の決意、聖断、そして象徴としての戦後。1万2千頁の記録から浮かぶ昭和天皇像

1009

半藤一利・佐藤 優
21世紀の戦争論
昭和史から考える

蘇る七三一部隊、あり得たかもしれない占領政策。八月十五日では終わらないあの戦争を昭和史とインテリジェンスの第一人者が語る

1072

半藤一利編・解説
なぜ必敗の戦争を始めたのか
陸軍エリート将校反省会議

和平か開戦か――太平洋戦争直前に陸軍は何を考えていたのか。中堅将校たちが明かした本音とは。巨大組織の内幕が見えてくる

1204